不可不知的
法律常识

韩晓涵◎编著

民主与建设出版社

·北京·

图书在版编目（CIP）数据

不可不知的法律常识 / 韩晓涵编著 . -- 北京：民
主与建设出版社，2022.10
ISBN 978-7-5139-3946-1

Ⅰ.①不… Ⅱ.①韩… Ⅲ.①法律－基本知识－中国
Ⅳ.① D920.4

中国版本图书馆 CIP 数据核字（2022）第 160002 号

不可不知的法律常识
BUKEBUZHI DE FALÜ CHANGSHI

编　　著	韩晓涵	
责任编辑	胡　萍　宁莲佳	
装帧设计	天下书装	
出版发行	民主与建设出版社有限责任公司	
电　　话	（010）59417747　59419778	
社　　址	北京市海淀区西三环中路 10 号望海楼 E 座 7 层	
邮　　编	100142	
印　　刷	衡水翔利印刷有限公司	
版　　次	2022 年 10 月第 1 版	
印　　次	2022 年 10 月第 1 次印刷	
开　　本	670mm×950mm　1/16	
印　　张	15	
字　　数	220 千字	
书　　号	ISBN 978-7-5139-3946-1	
定　　价	48.00 元	

注：如有印、装质量问题，请与出版社联系。

2020年5月28日，《中华人民共和国民法典》（以下简称《民法典》）在第十三届全国人大第三次会议正式审议通过，并于2021年1月1日起正式实施，我国正式进入"民法典时代"。

不同于《中华人民共和国刑法》等其他各种法律的命名方式，这是我国第一次以"法典"来命名法律。纵观世界法律史，能够被命名为法典的法律，大体上有三个明显的特征：一是该法在国家法律体系中的地位十分重要；二是该法体系庞大，法律制度规模大，法律条文数量多；三是立法者要突出该法的体系性，强调立法的逻辑和规律。我国《民法典》完全体现出了这三个特征。

现在，我们经常听到的一句话是"《民法典》与我们的生活息息相关"，究其原因在于我们的一生都在和《民法典》打交道。《民法典》共分为七编，各编分别是总则、物权、合同、人格权、婚姻家庭、继承以及侵权责任。总则编规定了在民事法律中具有共性的一般问题，比如人的出生死亡以及行为能力等，对整个法典具有概括和指导意义。接下来的各编分别涉及我们日常生活中常见的问题，比如房屋买卖、合同签订、婚姻以及财产继承等。不论是我们生活中的大事还是小事，都由《民法典》来进行规范与指引。

《民法典》共七编，八十四章，一千二百六十条，并且与其配套的司法解释也在陆续颁布，如何学习这部法律成为我们步入民法典时代后首先应该思考的问题。笔者在学习、研究的时候，常常在想：如何让自己从法律的学习者转变成法律的传播者与普及者？于是，在本书的写作过程中，笔者选取了贴近生活的案例，用尽量生活化的语言分析案例，向大家讲述《民法典》中贯穿的区分原则、意思自治等内容，尽最大努力让大家读得懂、看得明白，以达到普法的目的。

　　本书主要由三部分构成，即经典案例、案例解析和相关法条。在案例的选择上主要参考了法院判例与相关指导案例，案例解析坚持以点带面的原则，希望大家能够从中感受到法律制度构建的平衡之美。

CONTENTS 目录

![法槌图标] **总则篇：学习基础知识，维护合法权利**

1. 胎儿能否接受赠与 002

2. 人工授精子女是否为夫妻双方婚生子女 005

3. 民事权利能力和民事行为能力是相伴而生的吗 008

4. 可以无偿赠与七岁儿童高端电子产品吗 011

5. 九周岁孩子能用压岁钱买玩具吗 013

6. 未成年人打赏主播，金额巨大的能否追回 016

7. "法人"是人吗 018

8. 什么是法人人格否认制度 022

9. 亲朋好友突然下落不明，多久可以认定死亡 026

10. "亡者归来"如何处理 028

11. 父母拿子女的钱财炒股理财是否合法 030

12. 监护人的监护资格被撤销后还能恢复吗 033

13. 擅自以他人名义随意订立合同会产生怎样的后果 035

14. 一切权利的行使都要受到时效的限制吗 038

15. 超出诉讼时效后，债权人收取债务人还款属于不当得利吗 041

物权篇：保护产权，私有财产不容侵犯

1. 购买房屋等不动产必须登记吗 044

2. 拾得遗失物后应该怎么做 047

3. 丢失物品后，悬赏广告发布者可以拒绝向拾得人支付悬赏金吗 049

4. 小区内的绿地属于谁所有 051

5. 小区墙面广告收入应该归谁所有 053

6. 与他人共有的事物应该如何处分、保存、改良 055

7. 什么是民法中的"相邻关系" 057

8. 房屋（土地）被征收征用，能否要求政府补偿 059

9. 债权人免除债务人所欠债务，担保人是否继续承担担保责任 062

10. 什么是居住权 064

11. 土地承包经营权可以自由转让吗 066

12. 抵押期间，抵押人可以自由转让抵押财产吗 068

13. 质权人可以使用质押的财产吗 070

14. 当事人之间只要存在债权债务纠纷，就可以适用留置权吗 072

15. 客户不支付报酬，可以留置客户远高于报酬数额的财物吗 074

合同篇：诚实守信，理智交易，警惕陷阱

1. 寄送价目表有法律约束力吗   078

2. 什么情况下已经签订的合同可以撤销   080

3. 一方未签字的合同直接开始履行，是否符合法律规定   082

4. 商品房销售过程中承诺"绿水青山"，是否具有约束力   084

5. 签订房屋买卖合同后遭遇禁售制度，该如何处理   086

6. 什么情形下可以要求惩罚性赔偿   088

7. 合同中既约定了违约金，也约定了定金，发生纠纷时该如何处理   090

8. 购买房屋者拿到了钥匙，房屋却因失火被烧，由谁承担损失   092

9. 在分期付款交易中，买受人拒不支付到期价款怎么办   094

10. 赠与合同可以任意撤销吗   096

11. 什么是"买卖不破租赁"   098

12. 房屋租赁到期后，屋内装饰装修物该如何处理   100

13. 定作人突然解除承揽合同，承揽人如何维护自身合法权益   103

14. 乘客在乘车过程中遭遇人身伤害，责任由谁承担   105

15. 代人保管财物发生损失，保管人是否需要赔偿   107

16. 借款人提前还款，利息如何计算   109

17. 快递丢失如何索赔   111

18. 在列车上"霸座"会有什么后果   113

19. 业主拖欠物业费，物业公司能停水停电吗   115

20. 为保护自己的财产而修复邻居房屋，能够要求邻居支付修缮费用吗   117

人格权篇：以人为本，以人格尊严为中心

1. 在工作中遇到性骚扰怎么办   120

2. 娱乐场所能否因相貌原因拒绝消费者进入   122

3. 侮辱英雄烈士需要承担怎样的法律责任   124

4. 公开出轨一方所有信息是否构成侵犯隐私权   127

5. 冒名顶替他人上大学，需要承担什么责任   129

婚姻家庭篇：家庭和睦，促进社会和谐稳定

1. 婚姻的缔结是完全自由的吗   134

2. 什么是可撤销的婚姻   137

3. 结婚后一方财产是否自动转化为夫妻双方共有   140

4. 夫妻间制订"忠诚协议"是否具有法律效力   143

5. 男女未婚同居期间的财产如何处理   145

6. "离婚冷静期"制度让青年人更加恐婚了吗   148

7. 夫妻离婚，住房公积金能否作为共同财产进行分割   151

8. 夫妻一方私自转让房屋是否具有法律效力   153

9. 夫妻离婚，男方能否请求返还彩礼   156

10. 因一方出轨而提出离婚，可以同时主张精神损害赔偿吗   159

11. 一方出轨，离婚时是否必须"净身出户"   162

12. "假离婚"会带来哪些法律后果   165

13. 离婚后生活确有困难的，可以向另一方请求帮助吗   168

14. 什么是约定财产制   171

15. 收养子女需要满足哪些条件   174

继承篇：财富传承，尊重被继承人的意志

1. 法定继承顺序如何确定   178

2. 口头遗嘱是否具有法律效力   181

3. 沉默能否成为接受继承（遗赠）的方式   184

4. 公证遗嘱设立后能否变更   186

5. 子女虐待父母，还能继承父母的财产吗   188

6. 继承财产前需要先清偿被继承人的债务吗   191

7. 被继承人的子女先于被继承人死亡如何处理   193

8. 继承人在被继承人死亡后、遗产分割前死亡的情况如何处理   196

9. 什么是遗赠扶养协议   198

10. 网络游戏账号如何继承   200

侵权责任篇：责任明确，精准保护和救济民事权益

1. 未成年子女侵害他人权益，后果都由家长承担吗   204

2. 子女在学校期间受到伤害，谁来承担责任   207

3. 故意逗狗被咬伤，狗的饲养人是否需要承担责任   210

4. 遭遗弃的小动物伤人，责任谁来承担   212

5. 发生医患纠纷时谁来承担举证责任   214

6. 患者抢救无效死亡，医院是否需要承担责任   217

7. 员工劳务派遣期间致人损害，责任如何承担   220

8. 排污企业能否以主观上没有过错为由，不承担环境污染责任   222

9. 购买的产品有质量问题如何维权   225

10. 高空抛物，如何救济被害人   228

总则篇

学习基础知识，维护合法权利

1. 胎儿能否接受赠与

经典案例

刘某在一次交通事故中死亡，当时刘某的妻子王某已有两个月身孕。刘某的父亲老刘希望王某能够坚持把孩子生下来，于是与王某签订了协议。协议中约定，如果王某能把孩子生下来，就给孩子二十根金条。为了鼓励王某，老刘在签订协议的当天就把十根金条交给了王某。王某在八个月后顺利产下孩子小刘。

在孩子出生后，老刘希望能亲自抚养孙子小刘，但是王某不同意。因此，老刘拒绝把剩下的十根金条交给孩子，并要求王某退回之前给予的十根金条。王某拒绝退还已经交付的十根金条，并要求老刘履行协议，将剩下的十根金条给孩子。

案例解析

依据《民法典》第十六条、第一百五十八条的规定，王某有权要求老刘履行协议，把剩下的十根金条给孩子，且对于之前已经交给王某的十根金条，老刘无权要求退还。

本案中，老刘在协议中约定给孩子二十根金条，尽管当时孩子仍然处在胎儿状态，但是对于胎儿来说这是一种纯获利益的情形，即接受赠与，视为胎儿具有民事权利能力，有主体资格。具体来说，老刘和王某签订协议时，胎儿是否能够顺利出生为不确定的事实，在法律上我们把这种合同称为"附生效条件的合同"。这种合同在日常生活中非常常见，比如合同中有"如果你取得北京户口，我就把我的车卖给你""如果你能顺利完成这项考核，我就给你一万元现金"等，此类合同约定都属于"附生效条件的合同"。在本案中，既然王某顺利生下了孩子，那么该合同的生效条件就已经满足，老刘理应履行合同的约定，交付二十根金条给孩子。

老刘和王某签订的合同是一个赠与合同。孩子出生以后，老刘提出了两项要求：一是拒绝交付剩下的十根金条；二是要求王某退还已赠与的十根金条。这两项要求都是无法得到支持的。

受赠人有下列情形之一的，赠与人可以撤销该项赠与：（一）严重侵害赠与人或者赠与人近亲属的合法权益；（二）对赠与人有扶养义务而不履行；（三）不履行赠与合同约定的义务。本案中，受赠人孩子刚刚出生，不可能存在上述三类行为。因此，老刘不得行使赠与合同的法定撤销权，要求退回已经交付的十根金条。

我国法律另有规定，赠与人在赠与财产的权利转移之前可以撤销赠与。经过公证的赠与合同或者依法不得撤销的具有救灾、扶贫、助残等公益、道德义务性质的赠与合同除外。本案中，爷爷刘某在孩子出生后应交付剩余的十根金条，因该情形属于道德义务性质的赠与（直系血亲之间的赠与），所以老刘不得行使任意撤销权。

另外，可能有些人会问：老刘到底是应该把金条给王某，还是直接给孙子小刘？在这里，其实我们没有必要仔细区分，因为对于刚刚出生的小刘来说，他是无民事行为能力人，自然应该由其法定代理人代为接受各种赠与。所以，不论老刘把金条交给王某，还是直接给孙子小刘，都应由王某代为保管。

我国法律不论是在《民法通则》时代，还是现在的《民法典》时代，都制定了保护胎儿利益的相关规则。其目的就是尽最大努力保护还未出生的胎儿。

只要胎儿出生时是活体，就能够享受一切正当权利。但是，若胎儿分娩时是死体，那么我们就认为胎儿自始至终不享有任何权利。在此，也提醒各位父母，如果有人对尚处于胎儿期的孩子表示赠与财产，一定要立下凭证，以保护孩子未来的正当权利。

相关法条

《民法典》第十六条

涉及遗产继承、接受赠与等胎儿利益保护的，胎儿视为具有民事权利能力。但是，胎儿娩出时为死体的，其民事权利能力自始不存在。

《民法典》第一百五十八条

民事法律行为可以附条件，但是根据其性质不得附条件的除外。附生效条件的民事法律行为，自条件成就时生效。附解除条件的民事法律行为，自条件成就时失效。

2. 人工授精子女是否为夫妻双方婚生子女

经典案例

1998年，原告李某与郭某顺登记结婚。2002年，郭某顺以自己的名义购买了涉案房屋，并办理了产权登记。2004年1月30日，李某和郭某顺共同到医院对李某实施了人工授精，后李某怀孕。4月，郭某顺因病住院，在得知自己患了癌症后，向李某表示不要这个孩子了，但李某不同意人工流产，坚持要生下孩子。5月20日，郭某顺在医院立下自书遗嘱，在遗嘱中声明他不要这个人工授精生下的孩子，并将涉案房屋赠与其父母郭某和、童某某。郭某顺于5月23日病故。

李某于当年10月22日产下一子，取名郭某阳。原告李某无业，靠低保生活，并持有夫妻关系存续期间的共同存款18705.4元。被告郭某和、童某某均有退休工资。

李某以郭某阳系郭某顺的亲生子女，对郭某顺的遗产享有继承权为由，以郭某阳和自己的名义诉请法院依法裁判分割郭某顺的遗产。

法院一审判决认定，郭某阳系郭某顺的亲生子女，系郭某顺的第一顺序法定继承人。郭某顺的遗嘱处分了夫妻共同财产，且未给缺乏劳动能力又无生活来源的法定继承人郭某阳保留特留份，遗嘱部分无效。在为郭某阳保留继承份额之后，郭某顺遗产的剩余部分才可以按遗嘱确定的分配原则处理，并依此观点判决分割了郭某顺的遗产。

（指导案例50号：李某、郭某阳诉郭某和、童某某继承纠纷案）

案例解析

在上述指导案例中，法院判决确认了人工授精所生子女是夫妻双方的婚生子女。其裁判依据是最高人民法院1991年7月8日作出的《关于夫妻关系存续期间以人工授精所生子女的法律地位如何确定的复函》规定："在夫妻关系存续期间，双方一致同意进行人工授精，所生子女应视为夫妻双方的婚生子女，父母子女之间权利义务关系适用《中华人民共和国婚姻法》（以下简称《婚姻法》）的有关规定。"该复函虽然在《民法典》颁布之后已经失效，但是该指导案例并未失效，且该复函的内容已经被《最高人民法院关于适用〈中华人民共和国民法典〉婚姻家庭编的解释（一）》的第四十条所吸收。

郭某顺在婚后购买了房屋，虽然登记在自己名下，但属于夫妻共同财产。郭某顺死亡后，该房的一半归李某所有，另一半才能作为郭某顺的遗产。郭某顺在遗嘱中处分房产，侵害了李某对房屋的正当权利，所以遗嘱的这部分无效。

在夫妻关系存续期间，郭某顺已经同意医院为妻子李某施行人工授精手术，那么所生子女均应视为夫妻双方的婚生子女。而郭某顺在遗嘱中的"声明"否认其与李某所怀胎儿的亲子关系，是无效民事行为，应当认定郭某阳是郭某顺和李某的婚生子女。因此，根据《民法典》第一千一百四十一条、第一千一百五十五条的规定，郭某顺在立遗嘱时，明知妻子腹中有胎儿而没有在遗嘱中为胎儿保留必要的遗产份额，该部分遗嘱内容无效。也就是说，郭某顺的遗嘱必须扣除应当归李某所有的财产和应当为胎儿保留的继承份额之后，郭某顺遗产的剩余部分才可以按他所立遗嘱确定的分配原则处理。

随着现代科技的发展，人工授精技术越来越成熟，更多人有机会体验做父母的幸福与快乐。在法律上，我们需要知道的是，人工授精所生孩子和正常生育的孩子在法律地位上没有区别，不论精子或卵子的提供者是谁，只要采用正规合法的技术由妻子本人所生胎儿，都是正常的夫妻婚生子女，其权利义务也完全参照《民法典》婚姻家庭编的相关规定。

相关法条

《最高人民法院关于适用〈中华人民共和国民法典〉婚姻家庭编的解释（一）》第四十条

婚姻关系存续期间，夫妻双方一致同意进行人工授精，所生子女应视为婚生子女，父母子女间的权利义务关系适用民法典的有关规定。

《民法典》第一千一百四十一条

遗嘱应当为缺乏劳动能力又没有生活来源的继承人保留必要的遗产份额。

《民法典》第一千一百五十五条

遗产分割时，应当保留胎儿的继承份额。胎儿娩出时是死体的，保留的份额按照法定继承办理。

3. 民事权利能力和民事行为能力是相伴而生的吗

经典案例

张三在违章驾驶机动车时，撞死了在路上正常行走的李四。李四的妻子王五有孕在身，胎儿已满八个月。在张三和王五协商关于李四的死亡赔偿事宜期间，李四和王五的孩子李小四出生。这时，王五要求张三支付李小四的抚养费。但张三则主张事故发生时孩子尚未出生，自己不应负担抚养费。

案例解析

根据《民法典》第十六条的规定，张三需要支付王五的孩子李小四的抚养费。涉及胎儿利益保护的，胎儿视为具有民事权利能力。因为案例中李小四顺利出生，那么就视为李小四在胎儿时期就具有民事权利能力，而肇事的司机张三当然需要赔偿李小四的抚养费。

自然人的民事权利能力，指自然人依法取得享有民事权利、承担民事义务的资格。民事权利能力是我们享有一切民事权利，承担一切民事义务的前提和基础。《民法典》第十三条、第十四条规定，自然人的民事权利能力始于出生且一律平等。也就是说，民事权利具有广泛性，是法律上对一个人主体资格的承认。只要一个人顺利脱离母体，并且保有生命，就具有民事权利能力。即使是胎儿，我国法律也给予其特殊的保护。

而民事行为能力则不同，自然人的民事行为能力是指自然人能够独立实施有效法律行为的资格。行为能力主要与自然人实施法律行为的效力有关。我国法律根据自然人年龄、精神状态的不同，把民事行为能力人分为完全民事行为能力人、限制民事行为能力人和无民事行为能力人。其中只有完全民事行为能力人能够独立完成民事行为，且不存在效力上的瑕疵，另外两种都需要监护人或代理人来协助完成。

此时，我们可以回答题目中的问题。自然人的民事权利能力和民事行为能力不是相伴而生的。民事权利能力始于出生，终于死亡，涉及胎儿利益保护时胎儿也具有民事权利能力。而民事行为能力则是根据自然人的精神和智力状况进行划分的，一般来说，只有年满十八周岁的成年人才具有完全民事行为能力。而八周岁以上，不满十八周岁的未成年人和不能完全辨认自己行为的成年人，为限制民事行为能力人。不满八周岁的未成年人和不能辨认自己行为的成年人为无民事行为能力人。

上述案例仍可以进行一定的拓展，如果胎儿李小四出生时为死体，那么肇事者张三则无须支付李小四的抚养费。如果情况再复杂一点儿，比如李小四出生后旋即死亡，那么张三仍需支付李小四的抚养费。但是该笔费用会作为胎儿李小四的遗产发生继承。这里的难点在于正确理解"旋即死亡"的意思，其含义是胎儿短暂生存了一段时间之后才死亡，也就是说，胎儿至少在世上存活了一定的时间，这时我们仍需承认胎儿具有民事权利能力。

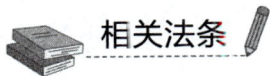

相关法条

《民法典》第十三条

自然人从出生时起到死亡时止，具有民事权利能力，依法享有民事权利，承担民事义务。

《民法典》第十四条

自然人的民事权利能力一律平等。

《民法典》第十八条

成年人为完全民事行为能力人，可以独立实施民事法律行为。

十六周岁以上的未成年人，以自己的劳动收入为主要生活来源的，视为完全民事行为能力人。

4. 可以无偿赠与七岁儿童高端电子产品吗

经典案例

李某，自幼便展现出极强的影视戏剧天赋，计划十七岁正式出道成为职业艺人。七岁生日时，李某的叔叔王某把一台价值3万元的笔记本电脑送给李某，并鼓励李某继续追逐演艺梦想。后来，李某的母亲刘某得知了电脑的来历，坚决反对王某赠与电脑的行为。王某认为既然电脑送给了孩子，孩子也没有任何损失，无须退还。而母亲刘某表示，李某未满八周岁，王某赠与电脑的行为没有法律效力，要求王某收回电脑。

案例解析

《民法典》规定，不满八周岁的未成年人为无民事行为能力人，不能辨认自己行为的成年人为无民事行为能力人。无民事行为能力人实施的民事法律行为一律无效。

在上述案例中，李某年仅七岁，在法律上属于无民事行为能力，但是李某的叔叔王某却赠送了李某价值不菲的电子产品。所谓"一律无效"，就是说无民事行为能力人未经法定代理人代理而独立实施的法律行为（单方、双方、多方），无论是否使无民事行为能力人纯获利益，均属无效。

站在李某的角度看，获赠一台高端电子产品确实是纯获利益的行为。但是，我国法律并不允许。其理由是，未满八周岁的孩子尚不能辨别任何是非。可能长辈出于好心赠与孩子电子产品，但是电子产品给孩子带来方便与快捷的同时，也带来了很多危害，如使孩子视力下降。在上述情景中，叔叔王某赠与李某笔记本电脑的行为必须由其母亲刘某同意并认可才能发生法律效力。否则，王某必须收回电脑，以免对孩子造成危害。

当然还有一个问题就是，比如有些孩子存在"早熟"现象。案例中的李某如果七岁就已经开始四处演出，收到了很多片酬，那么这时李某可以自主决定接受叔叔王某的赠与吗？答案也是否定的，只要李某未达到法定年龄，就不可能自主决定。在我国的立法方面，坚持以年龄划分行为能力的原则。现实中可能确实存在一些特殊情况，但是法律在制定时只能依据社会上大多数人的身心发育水平建立统一规则，无法为每一个人订立专门的行为规范。通常情况下，未满八周岁的儿童基本不存在辨别是非的能力，必须由其监护人特殊保护。

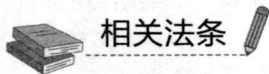

相关法条

《民法典》第二十条

不满八周岁的未成年人为无民事行为能力人，由其法定代理人代理实施民事法律行为。

《民法典》第一百四十四条

无民事行为能力人实施的民事法律行为无效。

《民法典》第一百五十七条

民事法律行为无效、被撤销或者确定不发生效力后，行为人因该行为取得的财产，应当予以返还；不能返还或者没有必要返还的，应当折价补偿。有过错的一方应当赔偿对方由此所受到的损失；各方都有过错的，应当各自承担相应的责任。法律另有规定的，依照其规定。

5. 九周岁孩子能用压岁钱买玩具吗

经典案例

张小飞，今年九岁。由于家庭条件较为殷实，张小飞每年春节都会收到一大笔压岁钱。

近日，张小飞家附近新开了一家百货商店。张小飞在3月份分别从该百货商店购买了价格为25元的电子画板和2500元的电话手表。3月底，张小飞的妈妈李某发现了电子画板和电话手表，认为张小飞年仅九岁，不能自主决定购买这些商品。于是，李某找到百货商店退货，要求百货商店退还共计2525元价款。但百货商店拒绝退还价款，认为这是张小飞可以自主决定的事项。

案例解析

在本案中，百货商店只能拒绝退还购买电子画板的25元价款，但是需要退还给李某2500元购买电话手表的价款。其原因在于张小飞的年龄只有九岁，属于限制民事行为能力人，九岁的孩子尚且无法独立支配2500元，所以必须由其母亲李某确认并同意，该行为才能有效。

《民法典》规定，限制民事行为能力的人，包括八周岁以上的未成年人，以及不能完全辨认自己行为的成年人。一般来说，八至十八周岁的未成年人，我们称之为限制民事行为能力人。对于限制民事行为能力人，可以从事与其年龄、智力相适应的民事活动，比较典型的例子是，一般中小学生都有独立购买一些文具、零食、益智玩具的能力。这些商品普遍价格不高，实用性强，在现实生活中较为常见。但是，现实社会中有一些青少年用品具有较高的价格，比如现在市面上常见的"点读机""电话手表"等，这些商品价格较高，仍不适宜由未成年人自主购买，需要家长的监督。

这里需要注意的一点是，对于限制民事行为能力人和无民事行为能力人的监护人行为规定是存在区别的。对于无民事行为能力人来说，其各种行为必须由其法定代理人代为实施。但是，对于限制民事行为能力人来说，其一些行为有待于法定代理人追认，也就是说，限制民事行为能力人实施某项超越其年龄的行为时，该行为本身效力处于一种未确定的状态，这种效力的确定与否取决于限制民事行为能力人的监护人（代理人）追认与否，如果追认，自始有效，如不追认，自始无效。

对于限制民事行为能力人来说，不同于"无民事行为能力人实施的民事法律行为无效"的规定，其纯获利的行为是有效的。以九岁的张小飞为例，如果叔叔王某送给他一台价值3万元的笔记本电脑，那么张小飞是可以自主决定接受赠与的。法律规定，限制民事行为能力人已经具备了一定的辨别是非的能力，可以自己决定是否接受来自他人的赠与，并且这种赠与通常是有益的。

相关法条

《民法典》第十九条

八周岁以上的未成年人为限制民事行为能力人，实施民事法律行为由其法定代理人代理或者经其法定代理人同意、追认；但是，可以独立实施纯获利益的民事法律行为或者与其年龄、智力相适应的民事法律行为。

《民法典》第一百四十五条

限制民事行为能力人实施的纯获利益的民事法律行为或者与其年龄、智力、精神健康状况相适应的民事法律行为有效；实施的其他民事法律行为经法定代理人同意或者追认后有效。

6. 未成年人打赏主播，金额巨大的能否追回

经典案例

牛某一家是贫困户，家里四口人除了十一岁的儿子之外，都患有疾病，每年要花费巨额医药费治疗。2019年12月29日，牛某前往村卫生室结算婆婆的医疗费，顺便想从银行卡里提取些现金，以方便自己第二天去医院看病。但是，牛某查询银行卡余额时发现卡里刚存的3万多元钱竟然所剩无几，连3000元都取不出来。通过查询银行对账单，牛某发现钱都被转到了一个游戏平台的银行账户里。经过追问，牛某发现是儿子李某绑定了该银行卡，并用牛某的手机给游戏女主播送礼物。经核算，儿子李某共打赏了31000多元。牛某立刻与游戏平台取得了联系，认为孩子尚未成年，希望能追回打赏的钱款。游戏平台则表示，只能酌情退还部分金额。

案例解析

在上述案例中，牛某的儿子李某现年十一周岁，属于限制民事行为能力人。限制民事行为能力人实施民事法律行为应该由其法定代理人代理或者由其法定代理人事后追认。而且李某打赏主播的金额较大，不属于实施与其年龄、智力相适应的法律行为。所以，李某的打赏行为应该由其母亲牛某追认才有效。对游戏平台来说，如果不能取得李某母亲牛某的追认，那么应该退还打赏的金额。

在该案例中还有一个值得关注的点，就是我国民事案件一般遵守"谁主张

谁举证"的原则。也就是说，牛某如果想完全追回打赏钱款，必须提供证据证明31000元全部由儿子李某打赏。如果不能证明这一点的话，在实际追回打赏金过程中可能还存在一定困难。

随着现代科技的发展，越来越多的青少年有机会、有能力接触各式各样的互联网产品，很多直播节目也吸引了未成年人的参与。与此同时，越来越多的未成年人天价打赏主播案件也随之发生。如何加强对未成年人、直播平台的监管，成为当下应该首先考虑的问题。首先，家长应该加强对孩子的正确引导，并严格管理好自己的手机、银行账户密码，避免让孩子随意打开自己的手机并且进行网上支付。其次，如果发生了类似的问题，家长就要学会及时收集证据，比如相关的转款凭证，以及能够证明是未成年子女打赏的相关证据。这样如果发生诉讼时，才能够更好地维护自身权益。再次，游戏和主播平台应该规范自身行为，严格按照法律规定，探索开发人脸认证支付等技术，不接受任何未成年人超过其可负担范围的打赏。最后，监管部门应该制定更严厉的行业监管规范，如果平台存在恶意引导未成年人打赏的行为，应该给予严厉处罚。

相关法条

《民法典》第十九条

八周岁以上的未成年人为限制民事行为能力人，实施民事法律行为由其法定代理人代理或者经其法定代理人同意、追认；但是，可以独立实施纯获利益的民事法律行为或者与其年龄、智力相适应的民事法律行为。

7. "法人"是人吗

经典案例

刘某、朱某、周某、马某四人想要一起从事房地产开发。但是由于近年来的经济波动较大,房地产行业存在很多不稳定因素,所以四人决定创办一家房地产公司(有限责任公司)来开展经营。

四人约定每人出资1000万元用于设立公司,2018年6月1日完成出资。其中刘某以自己所有的房屋出资,经专业机构评估后房屋价值1000万元;朱某以1000万元现金出资;周某以自己所有的挖掘机等生产设备出资,经专业机构评估后机器价值1000万元;马某以专利技术出资,经专业机构评估后专利技术价值1000万元。

在房地产公司的经营过程中,截至2019年9月1日,该房地产公司欠了某建材公司8000万元建材款。

该建材公司于2020年1月1日请求这家房地产公司偿还8000万元欠款,但发现该房地产公司现有全部资产总额只有6000万元。该建材公司又分别向刘某、朱某、周某、马某四位股东请求偿还余下的2000万元欠款,四位股东均拒绝。

案例解析

"法人"这个词我们猛一听会觉得很陌生,但是,如果换成"公司",大家就会清楚很多。现实生活中我们常见的各式各样的公司就是法人的具体类型,比如,常见的从事商业经营的公司,我们在法律上称为"营利法人",而各式各样的事业单位和基金会，我们称为"非营利法人"。

法人是具有民事权利能力和民事行为能力，依法独立享有民事权利和承担民事义务的组织。这是《民法典》对法人的定性。一般来说，法人是相对于自然人的另一类民事主体，法人是一个组织。此外，《民法典》中还规定，法人的民事权利能力和民事行为能力从法人成立时产生，到法人终止时消灭。也就是说，区别于自然人用年龄来划分不同行为能力的形式，法人从设立之初就具有完全民事行为能力，没有无民事行为能力和限制民事行为能力的状态。具体而言，我们可以这样概括法人的特征：其一，法人是社会组织；其二，法人是具有民事权利能力和民事行为能力的组织体；其三，法人是独立享有民事权利和承担民事义务的组织。因此，法人并不是自然人意义上的"人"，而是一个组织，不过这个组织是独立的，有独立的财产，独立承担责任。

具体到上述案例，这家房地产公司就是典型的营利法人。自2018年6月1日起，刘某、朱某、周某、马某向该公司出资的房屋、现金、生产设备和专利技术归该房地产公司所有，不再归四人所有。刘某、朱某、周某、马某因为出资而对该房地产公司享有的股权归四人所有。这就是我们所说的法人的财产独立。另外，该房地产公司对上述建材公司的8000万元欠款，由该房地产公司承担。只要刘某、朱某、周某、马某按期足额（无瑕疵）出资，这四人对这8000万元的债务就不承担任何责任。这就是我们所说的法人独立承担责任。

法人制度的核心和关键就是把社团和社团成员的人格区分开，使法人负担经济运行中可能存在的风险。比如，几个刚刚毕业的大学生准备去市场投资，但是缺乏经验，为了抵抗可能存在的风险，他们可以通过正当合法的途径设立一家有限责任公司开展经营。这样，即使经营失败，最终承担责任的也是公司，而不会波及这几个出资设立公司的大学生。

自然人因出生而取得权利能力，并依其不同阶段的行为能力（无民事行为能力、限制行为能力、完全民事行为能力）从事各种交易，满足个人社会生活之需要。但是，当两个以上的自然人为开设工厂、采矿、学术等共同目的开创和经营事业时，就会面临应采用何种形式之问题。为适应现代社会的经济活动，须进一步强化人的集合体的团体性，使其能够取得权利能力，享有权利及负担义务。简而言之，使人之集合体享有人格，成为所谓法人。法人有不同种类，现实交易中最为重要的一种是公司。

在经济生活中，另一种比较常见的共同经营事业的模式是开办合伙企业。合伙企业属于非法人组织，参与其中的当事人被称为合伙人。相较于公司法人来说，合伙企业的设立更简单，形式也更多样，很多创业初期的人会选择这种形式。但是，合伙企业的弊端也很明显，因为合伙企业虽然具有团体性，但其设立还是基于当事人之间的合同关系，合伙企业的经营与每一个当事人的人格、信用与财产状况有密切的联系。一般情况下，当合伙企业的财产不足以清偿债务时，每一个合伙人都要对这项债务承担连带责任。也就是说，债权人可以向每一个合伙人主张债权，请求合伙人偿还债务，并且没有数额的限制，这使得每个合伙人都可能因此承担很大的责任和风险。所以，成立合伙企业的基础在于当事人之间的相互信赖，一般比较适合于人数较少、经营规模较小的团体事业。

相关法条

《民法典》第五十七条

法人是具有民事权利能力和民事行为能力，依法独立享有民事权利和承担民事义务的组织。

《民法典》第五十九条

法人的民事权利能力和民事行为能力，从法人成立时产生，到法人终止时消灭。

《民法典》第六十条

法人以其全部财产独立承担民事责任。

《民法典》第七十六条

以取得利润并分配给股东等出资人为目的成立的法人，为营利法人。

营利法人包括有限责任公司、股份有限公司和其他企业法人等。

8. 什么是法人人格否认制度

经典案例

川交工贸公司（控股股东张家蓉，系王永礼的妻子）因买卖合同对徐工集团公司负担1000万元货款债务，到期无力偿还。川交机械公司（控股股东是王永礼）和瑞路公司（控股股东也是王永礼）属于川交工贸公司关联公司。

在经营过程中，上述三家公司（川交工贸公司、川交机械公司、瑞路公司）存在以下三方面的混同。第一，人员混同。三个公司的经理、财务负责人、出纳会计、工商手续经办人均相同，其他管理人员也存在交叉任职的情形。第二，业务混同。三家公司在实际经营中均涉及工程机械相关业务，经销过程中存在共用销售手册、经销协议的情形，对外进行宣传时信息混同。第三，财务混同。三个公司使用共同账户，以王永礼的签字作为具体用款依据，对其中的资金及支配无法证明已作区分，三个公司与徐工集团公司之间的债权债务、业绩、账务及返利均计算在川交工贸公司名下。

徐工集团公司诉请三家公司对川交工贸公司的1000余万元货款债务承担连带责任。

法院一审判决川交机械公司、瑞路公司对川交工贸公司的上述债务承担连带清偿责任。川交机械公司、瑞路公司不服，提起上诉。法院二审判决驳回上诉，维持原判。

（指导案例15号：徐工集团工程机械股份有限公司诉成都川交工贸有限责任公司等买卖合同纠纷案）

案例解析

在上述案例中，法院的判决认定了三家公司相互之间存在关联，其主要的依据在于三家公司的人员、业务、财务等方面交叉或混同，导致各自财产无法区分，丧失独立人格，构成人格混同。据此，法院适用了"法人人格否认制度"，判决三家公司对徐工集团承担连带责任。

之前我们分析过，法人是依法独立享有民事权利和承担民事义务的社会组织，也就是说，法人做各种行为，承担各种责任，原则上不会影响其成员的利益。比如，甲、乙、丙各出资10万元设立一家A公司，A公司在经营过程中对B公司欠款50万元。如果B公司到期要求A公司偿还50万元，这时甲、乙、丙三人是不需要承担责任的。如果A公司的所有财产不足以清偿这50万元的债务，那么可以申请A公司破产。但是自始至终，甲、乙、丙三人不用直接面对B公司。这就是我们所说的法人的独立性，即公司（法人）具有独立的人格。

那什么是法人人格否认呢？就是在一些特殊的情况下，我们让甲、乙、丙三位出资人直接面对B公司，而B公司可以向三位股东要求承担责任，这种情况就是我们所说的"法人人格否认制度"，在国外被称为"刺破公司面纱"。

法人人格否认制度的构成要件有四个，其具体内容如下：

（1）公司控制股东（或实际控制人）实施了滥用法人独立地位和股东有限责任的行为（具体表现为法人人格混同、过度支配与控制等情况）。

①法人人格混同：所谓法人人格混同，是指公司沦为股东执行个人意志的工具，比较常见的情形是，股东无偿使用公司财产或者资金，不在公司账面做任何记载，或者说股东用公司的钱来偿还自身的借款，不做账面记载，以及公司的财产和股东的财产不加区分的情形。举例来说，宏图公司和大展公司是A公司的两个股东，其中宏图公司持股70%，大展公司持股30%。在一次会

议中，宏图公司将A公司的全部资产用于宏图公司正在开发的一个大型楼盘项目。等到A公司的债权人B公司找到A公司要求其偿还借款时，发现A公司已经没有任何财产。这时候，宏图公司应该和A公司一同对B公司承担连带责任，因为在宏图公司的影响下，A公司不再独立，法人人格被否认。

②过度支配与控制：过度支配是指公司对于企业的各项决策都是由股东操纵的，不能体现出公司的独立意志，比较常见的情形是母公司与子公司之间进行交易，收益全归属一方，亏损由另一方承担。再如，把公司的资金全部抽走，再成立一个新的经营业务基本相似的公司，以达到逃避债务的目的。

（2）造成严重损害公司债权人利益的损害后果（主要是公司财产不足以清偿公司债权人的债权）。

（3）滥用者主观上为故意，且具有通过滥用行为逃避债务，损害公司债权人利益的恶意。

（4）滥用行为与公司债权人利益遭受严重损害的后果之间具有因果关系。

法人人格否认制度的法律效果有三个方面：

（1）判令实施滥用行为的公司股东（或实际控制人）对公司的债务承担连带责任（其他没有滥用地位的股东不承担责任）。

这里的连带责任，指的是债权人既可以找公司，也可以找滥用股东权利的股东追讨债务，并且没有比例的限制，可以全部由某一位滥用权利的股东承担。

（2）"法人人格否认"制度并非全面、彻底、永久消灭法人的民事主体资格（并非使法人民事权利能力消灭），在个案中被否认人格的公司仍享有民事权利能力与民事行为能力。

（3）"一案一否定"原则。否认公司人格的个案判决仅对本案当事人具有既判力，并不当然适用于涉及该公司的其他诉讼。该生效判决确认的滥用事实可作为后续其他案件的证据使用。

相关法条

《民法典》第八十三条第二款

营利法人的出资人不得滥用法人独立地位和出资人有限责任损害法人债权人的利益；滥用法人独立地位和出资人有限责任，逃避债务，严重损害法人债权人的利益的，应当对法人债务承担连带责任。

《中华人民共和国公司法》（以下简称《公司法》）第二十条第三款

公司股东滥用公司法人独立地位和股东有限责任，逃避债务，严重损害公司债权人利益的，应当对公司债务承担连带责任。

《公司法》第六十三条

一人有限责任公司的股东不能证明公司财产独立于股东自己的财产的，应当对公司债务承担连带责任。

9. 亲朋好友突然下落不明，多久可以认定死亡

经典案例

邓某和刘某于2005年结婚。2008年邓某在驾车前往地震灾区的途中失踪，刘某向法院申请宣告丈夫死亡。某市人民法院受理该案后，在《×市日报》公告寻找邓某，公告期3个月已满，邓某仍然下落不明。同时，某市公安局证明邓某无生存可能。某市人民法院依法宣告邓某死亡。但邓某母亲提出疑问，认为儿子下落不明未满四年，不能宣告死亡。刘某则认为因为有公安机关出具的不可能生存证明，所以不需满足四年的期限要求。

案例解析

《民法典》第四十六条规定，自然人因意外事件下落不明，经有关机关证明该自然人不可能生存的，申请宣告死亡不受二年时间的限制。也就是说，案例中邓某属于意外事件下落不明并且有公安机关出具的不可能生还的证明，所以不需要再满足从失踪到向法院提出申请的期限限制。

宣告死亡制度是指自然人离开其经常居住的地方，下落不明达到一定的法定期限，经过其相关利害关系人的申请，由人民法院宣告其死亡的一种法律制度。宣告死亡制度主要针对的情形是，在夫妻关系中一方走失，另一方为了能够顺利地继承对方的财产，结束当下的婚姻关系等诉求，向法院申请宣告配偶死亡；或者是在债权人与债务人的诉讼中，债务人被宣告死亡后其债务应该由债务人的继承人在接受继承财产的范围内承担清偿的责任。总之，宣告死亡制

度的设立是为了更好地处理自然人下落不明的情况，防止利害关系人被长期绑定在一段法律关系中。

我国宣告死亡制度规定，宣告死亡"须下落不明达法定期间"，该期间都是从自然人失去音讯之日起计算（战争期间下落不明的，下落不明的时间自战争结束之日或者有关机关确定的下落不明之日起计算）。具体而言：

（1）原则上须下落不明满四年才能申请宣告当事人死亡。

（2）因意外事件下落不明的，满二年。

（3）因意外事件下落不明，经有关机关证明该自然人不可能生存的，申请宣告死亡不受二年时间的限制，可以立刻申请宣告当事人死亡。

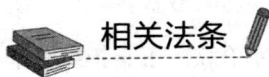

相关法条

《民法典》第四十六条

自然人有下列情形之一的，利害关系人可以向人民法院申请宣告该自然人死亡：

（一）下落不明满四年；

（二）因意外事件，下落不明满二年。

因意外事件下落不明，经有关机关证明该自然人不可能生存的，申请宣告死亡不受二年时间的限制。

10. "亡者归来"如何处理

经典案例

张某和李某于1997年在北京登记结婚。1999年李某离家经商，十年未归，张某依法向当地法院申请，宣告李某死亡。但李某其实并未死亡，而是在深圳工厂内打工，并有了一定积蓄。李某在深圳王某处购买了一套商品房。2015年李某返回北京和张某团聚，并向王某主张，自己购买商品房时被宣告死亡，所以购买房屋的行为无效，王某须退还自己已经支付的房屋价款。王某拒绝了李某的请求，并认为李某在被宣告死亡期间从事的民事法律行为不受宣告死亡的影响。

案例解析

根据《民法典》第四十九条的规定，自然人被宣告死亡但是并未死亡的，该自然人在被宣告死亡期间实施的民事法律行为效力不受影响。所以在上述案例中，虽然李某在北京被当地法院宣告死亡，但是并不影响其在深圳实施的购房行为，李某不得要求王某退还购房款。

因为宣告死亡制度是一种法律确定的状态，并不一定代表当事人真实的状态。当一个自然人下落不明满一段时间后，我们就可以申请宣告该自然人死亡。自然人被宣告死亡后，其婚姻关系、财产状态都有可能发生一定的变化。所以，建立起完备的宣告死亡的撤销制度就显得尤为重要。

宣告死亡的撤销要满足三个条件：第一，被宣告死亡的自然人重新出现；

第二，由本人或者利害关系人向人民法院提出申请；第三，由人民法院来确定是否撤销。如果满足以上三个条件，那么已经被宣告死亡的自然人就可以重新"活"过来。自然人被撤销死亡宣告后，夫妻关系自被撤销死亡宣告之日起自行恢复，但其配偶再婚或者向婚姻登记机关书面声明不愿意恢复的除外。在财产方面，被宣告死亡的当事人的个人财产可能已经发生继承，被撤销死亡宣告的人有权请求返还财产。取得其财产的民事主体应当返还其财产，确实无法返还的，应当给予适当补偿。

当然还有一种比较特殊的情况，比如，刘某是一名单亲母亲，由于刘某下落不明，其父母申请宣告刘某死亡。在刘某被宣告死亡期间，因刘某父母年事已高，刘某的孩子被他人收养。多年后，刘某申请撤销了其死亡宣告，但是刘某不能直接要求孩子的养父母把孩子送回由自己抚养。其理由是《民法典》第五十二条规定，被宣告死亡的人在被宣告死亡期间，其子女被他人依法收养的，在死亡宣告被撤销后，不得以未经本人同意为由主张收养关系无效。

相关法条

《民法典》第四十九条

自然人被宣告死亡但是并未死亡的，不影响该自然人在被宣告死亡期间实施的民事法律行为的效力。

《民法典》第五十二条

被宣告死亡的人在被宣告死亡期间，其子女被他人依法收养的，在死亡宣告被撤销后，不得以未经本人同意为由主张收养行为无效。

11. 父母拿子女的钱财炒股理财是否合法

经典案例

刘某今年十二岁，自幼表现出卓越的音乐才能，经常参加各种音乐比赛和演出，获得了大量奖金和报酬。刘某的父母考虑到现在银行的利率较低，将刘某的奖金和报酬存于银行增值有限，于是将刘某的200万元奖金和报酬全部购买了某只股票。但恰逢该股票暴跌，200万元很快只剩下10万元。此时，刘某得知了这一消息，认为父母需要赔偿自己的金钱损失。而刘某的父母则认为自己是为了孩子的利益，谈不上赔偿责任。

案例解析

根据《民法典》第三十五条的规定，监护人除为维护被监护人利益外，不得处分被监护人的财产。并且监护人应当按照最有利于被监护人的原则履行监护职责。父母用孩子的钱炒股，最终出现血本无归的后果，应该对孩子承担赔偿责任。

可能很多人会有疑问：案例中刘某的父母确实是为了孩子的利益进行股市投资，股票贬值也是市场波动的结果，为何还要赔偿孩子的损失呢？其原因在于刘某的父母选择的投资方式有问题。《民法典》第三十五条强调了监护人要按照最有利于被监护人利益的原则来履行监护职责，这就需要监护人严格要求自己。按照一般的社会常理来说，股市有风险是尽人皆知的，一般人也不会把全部资金投入股市，尤其是用全部资金购买一只股票。以一个理性人的角度去思考，谁会把自己的所有资金都放入风险巨大的股市呢？我们可以明显看出，对于可能发生的股市风险，刘某的父母采取的是放任的态度。这就违背了法律所要求的最佳利益原则。

监护，指监护人对被监护人（未成年人和需要保护的成年人）的人身、财产和其他合法权益依法实行监督和保护的制度。承担监护义务的人为监护人，受监护人监督和保护的人为被监护人。

一般来说，我们对未成年人、不能辨认或不能完全辨认自己行为的成年人都会设定监护人。对于未成年人来说，父母是其当然的法定监护人，当未成年人的父母已经死亡或者没有监护能力时，由下列有监护能力的人按顺序担任监护人：

（1）祖父母、外祖父母。

（2）兄、姐。

（3）其他愿意担任监护人的个人或者组织，但是须经未成年人住所地的居民委员会、村民委员会或者民政部门同意才可以担任。

当然，为了让未成年人受到最基本的监护与保障，《民法典》第三十二条规定了兜底保障条款，即针对没有依法具有监护资格的人的情况，监护人由民政部门担任，也可以由具备履行职责条件的被监护人住所地的居民委员会、村民委员会担任。

我国的监护制度被写入了《民法典》的总则编，这与其他国家的《民法典》有很大的不同。很多人认为监护制度理应写入《民法典》的婚姻家庭编。但是，由于我国立法的一贯传统，以及我国现存的大量留守儿童、人口老龄化现象，把监护制度放入总则编能够进一步体现我国对监护制度的重视，有利于我国监护制度的发展。

相关法条

《民法典》第三十五条

监护人应当按照最有利于被监护人的原则履行监护职责。监护人除为维护被监护人利益外，不得处分被监护人的财产。

未成年人的监护人履行监护职责，在作出与被监护人利益有关的决定时，应当根据被监护人的年龄和智力状况，尊重被监护人的真实意愿。

成年人的监护人履行监护职责，应当最大程度地尊重被监护人的真实意愿，保障并协助被监护人实施与其智力、精神健康状况相适应的民事法律行为。对被监护人有能力独立处理的事务，监护人不得干涉。

12. 监护人的监护资格被撤销后还能恢复吗

经典案例

刘某在2002年通过合法手续从孤儿院收养了女童小美。但刘某在2003年染上赌博、酗酒的恶习，先后多次殴打养女小美，造成小美身上多处骨折。群众向公安机关匿名举报刘某后，媒体对此事进行了曝光。后经人民法院判决，刘某构成故意伤害罪，判处有期徒刑七年，并撤销刘某的监护资格。2011年，刘某刑满释放，找到法院表示悔改，并希望恢复对养女小美的监护资格。法院表示，由于刘某对其养女实施故意犯罪，不可能再恢复其监护资格。

案例解析

根据《民法典》第三十八条的规定，监护人对被监护人实施故意犯罪，其监护资格绝对不允许恢复。刘某之前对养女小美实施过故意犯罪，所以其监护资格不可能恢复。

《民法典》第三十六条规定了撤销监护人资格的各种具体情形和兜底条款，在第二款列举了多类主体都是提出撤销监护人资格的主体。第三款规定了当其他组织和个人都没有向法院提出撤销监护人资格的申请时，民政部门有责任和义务向法院提出申请。法律这样规定的目的在于，让尽量多的主体都有资格发挥对监护人的监督作用，实现对被监护人的全面保护。在现实社会生活中，如果未成年人遭受虐待，一般首先发现的是学校，这时学校就应该积极主动承担起监督者的责任。法律也规定了兜底保护，就是发挥民政部门的作用。

如果其他组织和个人未及时向人民法院申请撤销监护人资格，那么民政部门应该积极承担责任，维护好处于弱势地位的被监护人的利益。

相关法条

《民法典》第三十六条

监护人有下列情形之一的，人民法院根据有关个人或者组织的申请，撤销其监护人资格，安排必要的临时监护措施，并按照最有利于被监护人的原则依法指定监护人：

（一）实施严重损害被监护人身心健康的行为；

（二）怠于履行监护职责，或者无法履行监护职责且拒绝将监护职责部分或者全部委托给他人，导致被监护人处于危困状态；

（三）实施严重侵害被监护人合法权益的其他行为。

本条规定的有关个人、组织包括：其他依法具有监护资格的人，居民委员会、村民委员会、学校、医疗机构、妇女联合会、残疾人联合会、未成年人保护组织、依法设立的老年人组织、民政部门等。

前款规定的个人和民政部门以外的组织未及时向人民法院申请撤销监护人资格的，民政部门应当向人民法院申请。

《民法典》第三十八条

被监护人的父母或者子女被人民法院撤销监护人资格后，除对被监护人实施故意犯罪的外，确有悔改表现的，经其申请，人民法院可以在尊重被监护人真实意愿的前提下，视情况恢复其监护人资格，人民法院指定的监护人与被监护人的监护关系同时终止。

13. 擅自以他人名义随意订立合同会产生怎样的后果

经典案例

张某伪造甲公司的公章后，未经授权，擅自以甲公司的名义与不知情的乙公司订立房屋买卖合同约定："甲公司以3000万元的价格将一商铺出卖给乙公司。"甲公司得知该情况后，明确表示拒绝追认。此时，乙公司请求甲公司交付商铺并办理过户登记，甲公司拒绝，并告知乙公司这是张某的个人行为，请乙公司找张某请求赔偿。

案例解析

根据《民法典》第一百七十一条的规定，行为人没有代理权就实施代理行为，未经被代理人追认的，对被代理人不发生效力。在本案中，张某没有代理权，但通过伪造公章的方式与不知情的乙公司签订了房屋买卖合同。事后了解到情况的甲公司（被代理人）做出了拒绝追认的表示，甲公司不需要承担责任。张某的行为是一种典型的无权代理行为。此时，不知情的乙公司为了维护自己的合法权益，可以选择请求无权代理人张某对自己履行买卖合同中的义务（乙公司有权请求张某向自己履行交付房屋，办理过户登记的义务），此种责任称为"无权代理人的替代履行责任"。当然，因为商铺不属于张某，张某很难向乙公司交付房屋，这时，乙公司可以根据《民法典》第一百七十一条第三款的规定，选择请求无权代理人张某承担损害赔偿责任。

《民法典》总则编的第七章规定了代理制度，代理制度的核心是为了方便人们能够更加便捷、高效地处理生活中的各种问题。在现代社会中，很多事情我们无法亲力亲为，比如身为公司的高管，不可能每项合同都由我们亲自审阅并签字，这时候，高管可以授予普通员工代理权，此时高管的身份是被代理人，而这名普通员工的身份是代理人。代理人可以替被代理人签订合同，而合同的后果直接由被代理人承担。这就是代理制度在社会经济生活中运用的具体方式之一。

而在上述案例中，张某就是缺乏被代理人对他的授权，也就形成了所谓的无权代理。无权代理主要分为三种情况，第一种是案例中提到的完全没有代理权，第二种是超越代理权，第三种是代理权已经终止但是仍然实施代理行为。在这三种情况下，与无权代理人签订合同的善意相对人可以催告被代理人是否追认无权代理的行为，如果被代理人不追认，不知情的相对人有权请求无权代理人履行债务或者就其受到的损害请求行为人赔偿。

在当今社会的经济交往中，正确使用代理制度能够让商业办公事半功倍。因此，《民法典》总则编的第七章——代理部分对于社会发展具有重要意义，每一位有志于在商业上有一番作为的创业者都应该认真学习。

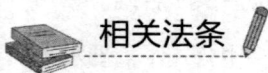

相关法条

《民法典》第一百七十一条

行为人没有代理权、超越代理权或者代理权终止后，仍然实施代理行为，未经被代理人追认的，对被代理人不发生效力。

相对人可以催告被代理人自收到通知之日起三十日内予以追认。被代理人未作表示的，视为拒绝追认。行为人实施的行为被追认前，善意相对人有撤销的权利。撤销应当以通知的方式作出。

行为人实施的行为未被追认的，善意相对人有权请求行为人履行债务或者就其受到的损害请求行为人赔偿。但是，赔偿的范围不得超过被代理人追认时相对人所能获得的利益。

相对人知道或者应当知道行为人无权代理的，相对人和行为人按照各自的过错承担责任。

14. 一切权利的行使都要受到时效的限制吗

经典案例

任某和薛某婚后育有一子任小某。后来，任某和薛某因感情不和而协议离婚。离婚协议中约定，儿子任小某由薛某抚养，任某每月需支付任小某的抚养费4000元。但离婚后，任某从未向薛某支付过任小某的抚养费。多年过去了，任某已累计拖欠10余万元抚养费。

2020年，新冠肺炎疫情导致薛某的家庭收入骤减，薛某找到任某要求其支付拖欠的抚养费。任某则表示时间过去太久，已过诉讼时效，拒不支付拖欠的抚养费。薛某想向法院起诉，但又怕如任某所说时间太久已经超过诉讼时效，法院不再支持。

案例解析

根据《民法典》第一百九十六条，请求支付抚养费、赡养费或者扶养费不受诉讼时效的限制，所以薛某可以起诉任某支付拖欠的抚养费，并且这一请求可以随时提出。

《民法典》总则编第九章规定了诉讼时效制度，对于该制度的定义是，权利人在一定期间内不行使权利，在该期间届满后，义务人可以拒绝履行其给付义务效果的法律制度。举一个简单的例子来说，赵某于2010年向方某借款200万元，约定2011年归还。方某自从把钱借给赵某后就再也没有催促过赵某归还，一直到2018年方某找到赵某要求其归还借款。这时，在法律上，赵某可以拒绝归还200万元。但很多人会不理解，"欠债还钱，天经地义"，为什么赵某可以不还钱呢？其实，赵某仍应该归还方某200万元，但是如果方某诉至法院要求赵某还款，赵某可以在庭审中提出已经超过三年的诉讼时效的抗辩，这时法院无法判决方某胜诉。但是即使方某无法胜诉，赵某仍欠方某200万元的事实无法改变，方某在生活中仍可以采取多次催促，与赵某平等协商的方式来督促赵某还款。

如果大家最初接触诉讼时效制度，可能会认为诉讼时效制度在为"欠钱不还"的人开脱。但民法规定这一诉讼时效制度也有其独特的价值考量。首先，建立诉讼时效制度能够督促债权人积极行使权利。法律不保护"躺在权利上睡大觉的人"，债权到期，债权人就应该积极行使权利要回属于自己的债权。其次，我国司法资源是有限的。如果不规定诉讼时效制度，那么债权人任何时候都可以主张法院要求债务人履行债务，这样不仅会造成司法资源的极大短缺，而且实际取证也很有难度。试想，如果我们现在想去查阅二十年前的债权债务关系，那将会何其困难。最后，是基于法律的安定性的考虑。债权人不行使债权，在债权人和债务人身边都会形成新的法律秩序，如果这种法律秩序可以任意打破，那么可能会带来新的问题。所以法律规定诉讼时效制度，一方面是对债权人行权的督促，另一方面是照顾司法资源的有限性。并且，即使债权人的权利无法受到司法的救济，但是其债权债务关系并未消灭，仍可以通过自己上门催要的方式维护自己的权益。

相关法条

《民法典》第一百九十六条

下列请求权不适用诉讼时效的规定：

（一）请求停止侵害、排除妨碍、消除危险；

（二）不动产物权和登记的动产物权的权利人请求返还财产；

（三）请求支付抚养费、赡养费或者扶养费；

（四）依法不适用诉讼时效的其他请求权。

15. 超出诉讼时效后，
债权人收取债务人还款属于不当得利吗

经典案例

郑某于2010年向王某借款100万元用于生产经营，约定2011年6月归还。2018年5月，王某突然想起郑某仍欠自己100万元借款，于是前去郑某公司催收，郑某当即前往银行，转账100万元给王某。次日，郑某哥哥听闻此事，告诉郑某其实不用归还100万元借款，因为王某的债权已过诉讼时效。郑某立刻电话联系王某，要求王某返还100万元，否则将向法院主张王某不当得利100万元。王某拒绝返还。

案例解析

在上述案例中，郑某既无权请求王某返还100万元，也无权主张王某不当得利。根据《民法典》的规定，不当得利是指得利人没有法律根据取得不当利益的，受损失的人可以请求得利人返还取得的利益的制度。郑某和王某之间仍存在债权债务关系，所以郑某归还100万元的行为是有法律依据的。

上节中，我们已经介绍过超过诉讼时效的后果，即并不会导致债权债务关系的消灭，只是债务人多了一项抗辩权，使得债权人可能在法庭上无法获得胜诉判决，但在生活中，债权人仍然可以向债务人催收催要欠款。并且根据最基本的诚实信用原则，债务人（案例中的郑某）应该及时归还所有欠款，以避免自己的社会评价降低。

在这里，我们补充一下案例中郑某提到的不当得利制度。所谓不当得利，是指没有合法的根据，使得他人的财产利益受到损失，而自己获得一定利益的事实。取得利益的人叫受益人，财产受到一定损失的人是受害人。理解不当得利制度的关键在于，受益人获得利益没有正当的法律依据，这种利益不受法律保护并应当返还给受害人。比较常见的例子有：自家羊跑入他人羊群；转账人因输错号码，错误转入他人账户；把为好友保管的汽车租给他人使用；等等。在这些情况下，受益人都应该把获得的利益交还给受害人，否则受害人可以提起诉讼维护自身权益。而在上述案例中，王某明显对郑某享有债权，所以郑某对王某的清偿合理合法，不涉及不当得利的问题。

相关法条

《民法典》第九百八十五条

得利人没有法律根据取得不当利益的，受损失的人可以请求得利人返还取得的利益，但是有下列情形之一的除外：

（一）为履行道德义务进行的给付；

（二）债务到期之前的清偿；

（三）明知无给付义务而进行的债务清偿。

物权篇

保护产权，私有财产不容侵犯

1. 购买房屋等不动产必须登记吗

经典案例

王某和张某于2018年1月签订房屋买卖合同，合同约定将王某的一套住宅以800万元的价格卖给张某。张某当天支付了全部价款，并拿到了房屋的钥匙。

2019年2月，王某与不知情的李某签订了新的房屋买卖合同，把同一套住宅以1000万元的价格又卖给了李某。李某当天支付了全部价款，并和王某一起去房管部门办理了过户登记。

2019年5月，李某找到居住在房屋内的张某，要求张某立刻搬离房屋。张某拒绝搬离，李某报警。公安机关有关人员到场后查阅了房屋不动产登记簿，确认现在房屋确实归李某所有，也要求张某在一定期限内搬离房屋。

案例解析

根据《民法典》第二百零九条所确立的不动产买卖规范，在我国购买不动产必须进行登记才能发生物权的变动，签订有效的买卖合同不能当然取得房屋的所有权。在案例中，张某虽然签订了有效的买卖合同，也拿到了房屋的钥匙，但是张某忽略了最重要的一个步骤，没有和王某一起去办理不动产的过户登记，使得具有公示与公信效力的房屋登记簿上没有显示张某的名字。现在房屋不动产登记显示的所有权人是李某，所以李某当然有权要求张某在合理期限内搬离房屋。而张某可以找到与其签订合同的王某，要求王某承担赔偿责任。

　　不动产的买卖是现代社会生活中的重要内容，并且房屋买卖往往涉及的价值较大，更加需要当事人小心谨慎。上述案例中，房屋原来的所有权人王某是不诚信的，他把房屋进行了两次买卖，签订了两次买卖合同，其行为无疑损害了在前签订合同的张某的利益，同时也损害了在后购买房屋的李某的利益，李某按照正常手续购买了房屋，但是其入住却存在一定的困难，还需要与张某进行协商。但是在现实生活中，像王某这样的卖房者不在少数，其原因在于我国的房价上涨过于迅速，尤其是一些学区房，很多人愿意花费远超过其实际价值的价格来购买。所以，对于普通的消费者而言，必须提高警惕，签订购房合同后及时办理房屋登记。

　　很多人可能存在一定的疑惑：为什么张某签订的合同在先，但是法律却保护李某呢？其原因就在于，张某虽然先签订合同，但是缺乏登记行为。在我国法律中，合同只约束当事人双方，也就是案例中的张某和王某，外部的第三人是不知道两个人之间存在合同关系的。这时，只有张某督促王某和他一起到登记机关完成登记行为，才能告诉社会大众此房屋已经变更了所有权人。在我国，房屋的登记信息是可以到有关机关进行查询的。李某虽然在后签订合同，但是李某在购买房屋时，去登记机关进行了查询，发现上面登记的所有权人仍是王某，这时李某当然有理由去信赖王某，进而完成房屋的过户。所以，如果我们稍加衡量就会发现，李某的利益更值得保护。

　　最后，张某的损失应该如何挽回呢？张某可以依据之前与王某签订的合同追究王某的违约责任。虽然张某最后没有取得房屋的所有权，但是之前双方签订的合同仍然是有效的。王某既然在合同中约定要把房屋卖给张某，但自身又实施了不诚信的行为，就应当承担法律上的赔偿责任。

相关法条

《民法典》第二百零九条

不动产物权的设立、变更、转让和消灭，经依法登记，发生效力；未经登记，不发生效力，但是法律另有规定的除外。

依法属于国家所有的自然资源，所有权可以不登记。

《民法典》第二百一十条

不动产登记，由不动产所在地的登记机构办理。

国家对不动产实行统一登记制度。统一登记的范围、登记机构和登记办法，由法律、行政法规规定。

2. 拾得遗失物后应该怎么做

经典案例

孙某新购一块江诗丹顿手表，一日参加酒会后，回家路上不慎丢失。孙某的手表被刘某捡到。刘某次日把手表以5万元的价格卖给李某，双方签订了纸质买卖合同，且李某不知道此手表的来历。

后经过知情人士指认，孙某得知自己的手表被刘某捡到，便找到刘某。刘某表示手表已经卖给了李某，自己无法返还。孙某又找到李某，李某则表示手表是自己花钱购买的，拒绝返还。

案例解析

根据《民法典》第三百一十二条的规定，物品的所有权人有权追回不慎遗失的物品。任何人不得通过捡拾他人遗失物品的方式获得所有权。如果丢失的物品被他人转让，那么所有权人既可以向捡拾到物品的转让人要求损害赔偿，也可以自知道之日起两年内要求受让人返还原物。在上述案例中，孙某既可以找刘某赔偿损失，也可以找到李某，要求李某返还手表。只不过要求李某返还的时间受到一定的限制，即自孙某知道李某身份后的两年内。

我国构建法律制度时，坚持了传统道德观念中"路不拾遗"的原则。只要是他人不慎丢失的物品，任何人都不能占为己有。这就要求我们在日常生活中如果捡拾到他人的物品，应该妥善保管，及时上交有关机关，并发布招领启事。如果长时间没有人来认领失物，那么我们需要将其上交公安机关，归为国有。对于每一个普通人来说，可能要求拾得人积极去寻找失主是一个较高的要求，但是法律要求的底线是不要据为己有，及时上交。另外，遗失物是区别于抛弃物的，抛弃物是指一方主体自愿放弃某件物品的所有权，比如我扔掉自己的手机、电脑、电视机等，而遗失物特指由于当事人意志以外的原因不慎丢失的物品。

对于抛弃物来说，我们可以通过先占有（捡拾）来获得所有权，但是对于遗失物来说，这样是不可以的。

可能有人会有疑问：根据相关法律规定，孙某可以找李某要回手表，那李某岂不是花了钱却没有取得手表，太亏了？其实我们大可不必担心，李某从刘某处购买手表时签订了纸质合同，刘某当然有义务按照合同约定把手表交给李某，现在李某没有取得手表，可以依据合同要求刘某返还5万元手表价款。

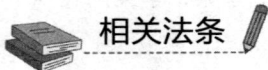

相关法条

《民法典》第三百一十二条

所有权人或者其他权利人有权追回遗失物。该遗失物通过转让被他人占有的，权利人有权向无处分权人请求损害赔偿，或者自知道或者应当知道受让人之日起二年内向受让人请求返还原物；但是，受让人通过拍卖或者向具有经营资格的经营者购得该遗失物的，权利人请求返还原物时应当支付受让人所付的费用。权利人向受让人支付所付费用后，有权向无处分权人追偿。

《民法典》第三百一十四条

拾得遗失物，应当返还权利人。拾得人应当及时通知权利人领取，或者送交公安等有关部门。

《民法典》第三百一十八条

遗失物自发布招领公告之日起一年内无人认领的，归国家所有。

3. 丢失物品后，
悬赏广告发布者可以拒绝向拾得人支付悬赏金吗

经典案例

齐某有一条珍贵项链，每逢重要场合才会佩戴。在一次聚会结束后，齐某不慎将该项链遗失，被楚某拾得。

心急如焚的齐某立刻张贴了悬赏5万元的寻物启事（悬赏广告）。次日，楚某看到悬赏广告后联系到齐某。楚某及时把项链还给了齐某，并提到齐某应该给自己5万元的报酬，而齐某拒绝了楚某的要求。楚某以齐某不遵守悬赏广告的约定为由，到当地人民法院起诉齐某。

案例解析

根据《民法典》第三百一十七条的规定，丢失物品的所有权人为了寻找遗失物而发布悬赏广告的，所有权人领取遗失物时，应当按照悬赏广告的要求履行义务。也就是说，在本案中，楚某完成了齐某悬赏广告中约定的条件，齐某应该支付给楚某5万元报酬。

此外，如果楚某在保存该项链的过程中，发生了一些必要的费用支出，比如为了防止特殊材质的项链磨损，楚某购买了专门的首饰存储柜，这些都属于为了保护遗失物必要的费用支出，齐某应该把这部分的花费支付给楚某。如齐某拒绝支付，那么楚某仍然可以用诉讼的方式解决。

但是，如果发生拾得人恶意侵占遗失物的情况，那么拾得人也就丧失了必要保管费用的请求权，也不得再主张悬赏广告的报酬。比如，案例中的楚某如果捡到项链后自己佩戴了，然后看到悬赏广告的丰厚报酬才决定返还项链，那么楚某就不能再主张5万元的报酬。

总的来说，我国法律规定，拾得遗失物的人应当妥善保管他人的遗失物品，尽到一个善意管理人合理的注意义务。任何人不能取得他人不慎丢失的物品。所以，如果在日常生活中我们发现他人的遗失物品，应当妥善保管并及时上交公安机关。

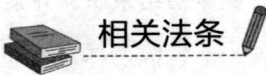

相关法条

《民法典》第三百一十七条

权利人领取遗失物时，应当向拾得人或者有关部门支付保管遗失物等支出的必要费用。

权利人悬赏寻找遗失物的，领取遗失物时应当按照承诺履行义务。

拾得人侵占遗失物的，无权请求保管遗失物等支出的费用，也无权请求权利人按照承诺履行义务。

《民法典》第四百九十九条

悬赏人以公开方式声明对完成特定行为的人支付报酬的，完成该行为的人可以请求其支付。

4. 小区内的绿地属于谁所有

经典案例

2017年杜其重金购买了仙山小区的一套商品房。杜某选择仙山小区的原因在于该小区有极大的绿化面积，适宜茶余饭后与家人闲谈散步。一日，杜某突然发现自家楼下的绿地被一楼住户改造成了私人仓库，便找到社区的居委会反映情况。居委会立刻与一楼住户取得了联系，而一楼住户则表示绿地就在自己窗户下面，自己当然有权利适当改造。

案例解析

根据《民法典》第二百七十四条的规定，小区的绿地属于所有业主共有，任何人不能私用。在本案中，一层的住户侵害了小区其他业主对绿地的共有权，小区的业主大会或者业主委员会有权依照法律法规以及管理规约作为原告提起诉讼，要求一层住户拆除仓库，把小区绿地恢复原状。

随着人民生活水平的不断提高，我们选择住宅小区的时候也会考虑物业、绿化面积以及交通是否便利等因素，更大的绿化面积往往意味着更为宜居的生活环境。对于小区而言，除了在规划时就明确规定属于个人的绿地以外，其余的绿地应该属于小区所有业主。如果发生有人侵占小区公共绿地的情况，业主应该及时向小区的业主委员会反映，针对拒不改正的住户，可以采取诉讼或者向行政部门投诉的方式督促其改正。

当然，一个小区除了绿地属于所有业主共有以外，还有建筑区划内的道路、公共场所、公共设施和物业服务用房都属于整个小区的业主共有。但是，我们每一个人都要正确地理解所有小区业主共有的含义，不是说每个人都可以随意使用，而是说每一个人都有负担其整洁、完整的义务。这些共有部分的建设都是为了服务整个小区业主，如小区的道路，任何人不得随意堆放物品阻塞交通，也不得随意在公共道路上停放自己的车。只有大家都提高自己的规则意识，共同维护好共有部分，才能真正建设好和谐稳定的社区。

相关法条

《民法典》第二百七十四条

建筑区划内的道路，属于业主共有，但是属于城镇公共道路的除外。建筑区划内的绿地，属于业主共有，但是属于城镇公共绿地或者明示属于个人的除外。建筑区划内的其他公共场所、公用设施和物业服务用房，属于业主共有。

5. 小区墙面广告收入应该归谁所有

经典案例

钱某、孙某、李某是城中城小区三号楼的住户。城中城小区地理位置十分优越，位于市中心商业区。某天，钱某突然发现三号楼的墙壁上张贴了某手机的巨幅商业广告，他找到孙某、李某，并认为既然自己是小区的业主，就有权利知道小区的广告收入情况，孙某、李某表示认同。次日，三人共同来到小区的物业公司询问广告牌的收益情况，但城中城小区物业公司以"此项事务无关业主，属于物业营收"的理由拒绝了三人的请求。

案例解析

根据《民法典》第二百八十二条的规定，物业公司或社区的管理人利用业主共有部分而产生的收入，应该属于全体业主所有。在上述案例中，三号楼的墙壁绝对不属于物业公司所有，而属于全小区所有业主所有。所以，其收入也应该归属于小区的全体业主。三位业主不仅有权查询广告的收益情况，更有权分到广告所带来的收益，城中城小区的物业公司无权拒绝三人的查询请求。

其实现在很多小区的停车场、大门口的公告栏以及电梯里都有各式各样的商业广告，如母婴用品、装饰装修，等等，并且这些广告一般是由小区的物业服务机构负责对接的。如果是比较大的社区，那么这笔广告收入非常可观。而这些广告收入，除了要扣除必要的对接维护费用以外，剩下的收益应该由全体业主共享，而非物业公司或者开发商享有。在如今的一些大城市，社区各项支出、广告收入的透明化已经成为社区建设是否符合标准的重要衡量因素。但是，一些二三线城市的中小型社区可能落实得还不够到位。当然，也有部分人主张，如果这部分收入不算太多的话，可以由物业公司来收取，以便激励物业公司更好地开展社区服务。但是，小区业主所享有的主张小区公共部分产生的收益归全体业主所有的权利，还是应该得到大家的普遍承认与接受。

最后，针对利用某一栋单元楼墙壁所获得的广告收益，应该归全楼业主所有还是归整个社区所有业主所有的问题，可能会存在一定的争议。通常，如果是专门利用某一栋单元楼所获得的收益，应该归本单元的住户共有；而如果是整个社区普遍都做了某种广告，其收益应该给全体业主。

相关法条

《民法典》第二百八十二条

建设单位、物业服务企业或者其他管理人等利用业主的共有部分产生的收入，在扣除合理成本之后，属于业主共有。

6. 与他人共有的事物应该如何处分、保存、改良

经典案例

甲、乙、丙、丁四人共同出资购买了一间仓库，每人对该仓库的份额各占四分之一。对于仓库的管理和维护，四人未做出特别约定。一年后，甲、乙、丙三人在未经丁同意的情况下，决定把仓库出租给张某。丁听闻此事后非常生气，认为甲、乙、丙三人未经自己同意就出租仓库的行为侵犯了自己的合法权益，拒绝配合张某搬入仓库。张某则表示，甲、乙、丙三人已经代表丁和自己签订了仓库租赁合同，要求丁立刻搬离。

案例解析

《民法典》第三百零一条规定，在按份共有中，共有人想要处分不动产或者对不动产做出重大的用途改变，需要经过占份额三分之二以上的按份共有人或全体共有人同意。在上述案例中，在甲、乙、丙三人同意的情况下，所占份额已经超过了四分之三，满足了三分之二以上的要求，所以甲、乙、丙三人可以共同决定仓库用途的变更，即把用于自己使用转变为出租使用。

我们每一个人都会对许多事物享有所有权，所有权的一种特殊状态叫作共有，表明的是两个或者两个以上主体对同一项事物都享有所有权。在共有制度中，又分为按份共有和共同共有。所谓按份共有，是指张三和李四按比例对某一项事物享有所有权，比如两人共同合资购买一块手表，各与50%的份额，就是典型的按份共有。而共同共有一般是基于特殊身份关系形成的，比如，夫妻

结婚之后，夫妻的财产变为共同共有。

既然多个人对同一项事物按比例享有所有权，那么必然就会涉及对共有物处分时话语权的问题。比如，针对同一块手表，张三想要卖掉，而李四想要保存，两者就会产生冲突，如何正确处理这样的冲突与矛盾，是《民法典》第三百零一条所规定的问题。对于按份共有物的处分，如房屋的加盖、装修、拆除重建、加固，等等，都是对共有物的重大处分、保存与改良行为。这些行为需要满足的条件是，应当经所占份额三分之二（包含三分之二）以上的按份共有人同意。简而言之，就是遵循少数服从多数的原则。在任何情况下，不能因为少数人的利益而使多数人的利益被限制。至于少数人利益的维护，《民法典》中还规定了优先购买权制度来予以保障。

值得提醒的是，在夫妻关系中，由于夫妻之间密切的人生依赖性，其形成的共有关系是共同共有关系。如果想要处分或者如出租共同共有的物品，需要夫妻双方一致同意，这时就不存在少数服从多数的情况。

相关法条

《民法典》第三百零一条

处分共有的不动产或者动产以及对共有的不动产或者动产作重大修缮、变更性质或者用途的，应当经占份额三分之二以上的按份共有人或者全体共同共有人同意，但是共有人之间另有约定的除外。

《民法典》第三百零五条

按份共有人可以转让其享有的共有的不动产或者动产份额。其他共有人在同等条件下享有优先购买的权利。

7. 什么是民法中的"相邻关系"

经典案例

2015年，贾某购买了A村一处宅基地。同年，夏某购买了与贾某相邻的另一处宅基地。平日，贾某和夏某互相帮扶，生活和睦。2020年初，夏某为了改善家庭的生活状况，把自家院落改为养鸡场。夏某的养鸡场建成之后，由于臭气熏天，导致邻居贾某常年无法开窗通风。并且，夏某的养鸡场内鸡的排泄物就堆放在门口，平时周围的邻居都能闻到气味，到夏天更是无法忍受，并对此颇有怨言。经过长时间的忍耐，贾某终于找到夏某协商，希望夏某能够改建养鸡场，以免影响邻居的生活质量。而夏某则认为，自己购买的宅基地自己做主，别人无权干涉。

案例解析

根据《民法典》第二百八十八条的规定，相邻的不动产的权利人应该按照团结互助、方便生活的原则来处理相邻关系。案例中的夏某把自家庭院改成养鸡场的行为本来属于个人自由，但是确实侵害了邻居贾某以及其他相邻权利人的利益。贾某当然享有正常开窗通风的基本权利，而由于夏某养鸡场的干扰，贾某的这项基本权利无法得到保障，这就违背了方便生活以及公序良俗的原则。在法律的价值排序中，基本的生存权利永远高于商业上的利益。并且，依据善良风俗，也应该优先考量邻居正常呼吸新鲜空气的生活权利。

在民法上，两个或者两个以上相互毗邻的不动产所有权人或使用权人之间，在行权（所有权或使用权）过程中，应该给予对方一定便利或自身应该受到一定约束而发生的权利义务关系，叫作相邻关系。法律规定相邻关系的主要目的是缓和邻里之间的各种纠纷矛盾。比如，相邻的两块庄稼地，一块儿地的地势高一些，而另一块儿地的地势较低，在浇地取水的时候，地势高的庄稼地的人家应该适当照顾地势低的人家，不能随意切断水流，不得随意更改水的自然流向。再如，相邻的两户人家可能涉及电线、水管线路的铺设，如果需要相邻关系人的帮助，那么相邻关系人应该积极配合。

法律规定相邻关系，更多的还是基于人与人之间互相帮助这种传统美德的考虑。我们总是说，远亲不如近邻，每个人都有追求幸福、美好生活的权利，但是也要照顾他人的感受。邻里之间应该本着互谅互让的原则和谐处理纠纷和问题。

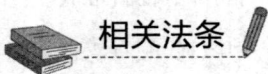

相关法条

《民法典》第二百八十八条

不动产的相邻权利人应当按照有利生产、方便生活、团结互助、公平合理的原则，正确处理相邻关系。

《民法典》第二百八十九条

法律、法规对处理相邻关系有规定的，依照其规定；法律、法规没有规定的，可以按照当地习惯。

《民法典》第二百九十一条

不动产权利人对相邻权利人因通行等必须利用其土地的，应当提供必要的便利。

《民法典》第二百九十二条

不动产权利人因建造、修缮建筑物以及铺设电线、电缆、水管、暖气和燃气管线等必须利用相邻土地、建筑物的，该土地、建筑物的权利人应当提供必要的便利。

8. 房屋（土地）被征收征用，能否要求政府补偿

经典案例

2015年4月8日，吉林省永吉县人民政府（以下简称永吉县政府）作出房屋征收决定，决定对相关的棚户区实施改造，同日发布永政告字〔2015〕1号《房屋征收公告》并张贴于拆迁范围内的公告栏。永吉县龙达物资经销处（以下简称经销处）所在地段处于征收范围。2015年4月27日至29日，永吉县房屋征收经办中心做出选定评估机构的实施方案，并于4月30日召开选定大会，确定改造项目的评估机构。2015年9月15日，永吉县政府依据评估结果作出永政房征补〔2015〕3号房屋征收补偿决定。经销处认为，该征收补偿决定存在认定事实不清、程序违法，评估机构的选定程序和适用依据不合法，评估价格明显低于市场价格等诸多问题，故以永吉县政府为被告诉至法院，请求判决撤销上述房屋征收补偿决定。

吉林市中级人民法院一审认为，被诉房屋征收补偿决定依据的评估报告从形式要件看，分别存在没有评估师签字，未附带设备、资产明细或者说明，未标注或者释明被征收人申请复核评估的权利等不符合法定要求的形式问题；从实体内容看，在对被征收的附属物评估和资产、设备评估上均存在评估漏项的问题。上述评估报告明显缺乏客观性、公正性，不能作为被诉房屋征收补偿决定的合法依据，遂判决撤销被诉房屋征收补偿决定，责令永吉县政府60日内重新作出行政行为。永吉县政府不服判决，提起上诉，吉林省高级人民法院二审以与一审相同的理由判决驳回上诉，维持原判。

（人民法院征收拆迁典型案例之吉林省永吉县龙达物资经销处诉吉林省永吉县人民政府征收补偿案）

案例解析

上述案例来自最高人民法院于2018年发布的八起人民法院征收拆迁典型案例（第二批）之一。案件的内容体现了针对房屋土地被征收征用的情况，被征收主体不仅可以要求政府补偿，并且有权要求政府公平、合理地补偿。这就很好地回应了《民法典》第一百一十七条的规定，征收、征用不动产时，一定要遵循法定的评估和通知公告程序，并给予公平合理的补偿。

在当下，由于经济发展日渐迅速，拆迁成为城市运行中的常见行为。如果不能正确地处理因征收、征用所引发的拆迁补偿的问题，那么极易造成社会不稳定，甚至可能导致一系列社会突发事件的发生。在关于拆迁的新闻报道中，频繁出现"钉子户""上访"等字眼，甚至某些处理不好的拆迁问题最终演化成恶性群体事件。

对于房屋和土地的征收、征用问题，要关注两个重要的点：一是必须有合法的依据。对房屋、土地的征收一般是由人民政府作出的行政行为，并且征收、征用一般要进行公告，以确保人民群众知悉，接受人民群众的监督。二是必须给合理的补偿。房屋和土地是人们重要的生活保障，并且一般具有较高的价值。任何的征收、征用行为必须给予其所有权人或使用权人公平合理的补偿。而针对一些所谓的"钉子户"，还是要注重沟通，以真正解决人民群众的问题。

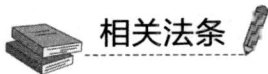

相关法条

《民法典》第一百一十七条

为了公共利益的需要，依照法律规定的权限和程序征收、征用不动产或者动产的，应当给予公平、合理的补偿。

《民法典》第二百四十三条

为了公共利益的需要，依照法律规定的权限和程序可以征收集体所有的土地和组织、个人的房屋以及其他不动产。

征收集体所有的土地，应当依法及时足额支付土地补偿费、安置补助费以及农村村民住宅、其他地上附着物和青苗等的补偿费用，并安排被征地农民的社会保障费用，保障被征地农民的生活，维护被征地农民的合法权益。

征收组织、个人的房屋以及其他不动产，应当依法给予征收补偿，维护被征收人的合法权益；征收个人住宅的，还应当保障被征收人的居住条件。

任何组织或者个人不得贪污、挪用、私分、截留、拖欠征收补偿费等费用。

《民法典》第三百三十八条

承包地被征收的，土地承包经营权人有权依据本法第二百四十三条的规定获得相应补偿。

9. 债权人免除债务人所欠债务，
担保人是否继续承担担保责任

经典案例

马某和牛某是多年好友，二人均在某地从事小商品经营。某日，马某的资金周转发生了一些困难，于是找到牛某借款10万元。牛某要求马某提供担保。马某找到自己的朋友杨某为自己做担保，三人约定，如果到期马某未能归还10万元借款，那么杨某就要代替马某归还这10万元借款。

马某和牛某在一次喝酒过程中，牛某书面表示，马某不需要再还其10万元借款。后债权到期，牛某找到杨某要求其代替马某归还10万元。杨某以牛某已经免除了马某的还款义务为由，拒绝了牛某的要求。

案例解析

根据《民法典》第六百八十二条的规定，保证合同是主借款合同的从合同，如果主借款合同的债权债务全部消失，那么担保也不复存在。在本案中，主借款合同发生在马某和牛某之间，而后来牛某免除了马某的债务，该借款合同也就不复存在。既然借款合同已经不存在，那就没有必要再为该借款合同设定一个担保，以此来保证借款合同的履行。因此，杨某有权利拒绝牛某的要求。

在《民法典》的制度构建中，担保一共被分为三种：第一种是人的担保，我们也称为保证，上述案例中杨某提供的就是一种人的担保；第二种是物的担保，里面又包含三种，分别是抵押、质押和留置；第三种是金钱的担保，它的另一个名字叫定金，我们在网上购物的时候，会通过支付定金的方式来让商家产生一种我们会购买此种货物的信赖。在现实社会中，我们把担保当作一种增强信任的工具。举例来说，当甲和乙签订一个借款合同，但是甲对于乙没有合理的信赖时，就会要求乙提供适当的担保，来确保当乙不能履行债务时，甲可以找到其他人来承担责任。

在正常的情况下，保证人承担完保证责任（一般体现为代替债务人还款或者履行其他义务）后，保证人是有权利向原债务人追偿的。在案例中，如果马某和牛某之间的债权债务关系没有解除，而杨某承担了还款的责任，那么杨某是可以向马某追偿这10万元的。因为无论如何，债务人才是最终责任的承担者。

相关法条

《民法典》第三百八十八条

设立担保物权，应当依照本法和其他法律的规定订立担保合同。担保合同包括抵押合同、质押合同和其他具有担保功能的合同。担保合同是主债权债务合同的从合同。主债权债务合同无效的，担保合同无效，但是法律另有规定的除外。

担保合同被确认无效后，债务人、担保人、债权人有过错的，应当根据其过错各自承担相应的民事责任。

《民法典》第六百八十二条

保证合同是主债权债务合同的从合同。主债权债务合同无效的，保证合同无效，但是法律另有规定的除外。

保证合同被确认无效后，债务人、保证人、债权人有过错的，应当根据其过错各自承担相应的民事责任。

10. 什么是居住权

经典案例

郑某起诉与张某离婚，法院判决双方离婚。但考虑到离婚后张某生活困难且无居住场所，依据《民法典》第一千零九十条的规定，离婚后郑某对张某负有提供基本居住条件的法定义务，法院在作出离婚判决的同时，判令郑某在其所有的房屋上为张某设立居住权。

判决生效后，郑某与张某订立合同约定："郑某无偿在其个人所有的一处房屋上为张某设立居住权，居住权自张某再婚时或者自张某有能力自行解决居住问题时消灭。"郑某、张某共同办理了房屋的居住权设立登记。

案例解析

近些年来，我国一直在开展住房制度的改革，如何保障人民群众"住有所居"成为《民法典》制度设计时考虑的重点。作为回应，《民法典》在制度中增加规定了居住权制度，房屋承租人的优先承租权制度，以及住宅建设用地使用期满自动续期制度。而本案例中的居住权制度，成为此次改革的一大亮点。

居住权是一种用益物权，是指对他人享有所有权的房屋享有的占有和使用的权利。不同于所有权，享有居住权的人不能处分房屋，也不能利用房屋来进行营利性活动，其基本原则在于满足生活居住的需要。案例中的张某作为居住权人，只要没有再婚或者没有其他稳定的住所，都可以稳定地居住在郑某名下的房屋里。并且，居住权制度的应用并非只局限于自然人之间。比如，某老人可以与银行签订养老协议，老人把房屋直接转移给银行所有，但银行需要在房屋上为老人设立居住权直到老人去世，并且需要每月给老人5000元生活费。这种约定当然是有效的，银行想要房屋的所有权，却担心老人去世后无法自主决定财产的去留，就采取先过户（给银行）再设立居住权的方式，既能解决房屋的所有权归属，也能保证老人的养老问题。

居住权一经推出，就有人把居住权戏称为"保姆权"。这其实从另一个方面表明，居住权能够充分保障当事人的意思自治。比如，一个保姆照顾了老人很长时间，老人表示非常感激，但如果把房屋直接赠与保姆，势必会引来膝下子女的反对甚至导致矛盾与冲突。这时候老人就可以为保姆设立一个居住权，一直到保姆去世。这样就保障了保姆在城市中有一个落脚点，并且任何人不得干涉。但是房屋的所有权依然正常地发生继承，由老人的子女享有。

相关法条

《民法典》第三百六十六条

居住权人有权按照合同约定，对他人的住宅享有占有、使用的用益物权，以满足生活居住的需要。

《民法典》第三百六十八条

居住权无偿设立，但是当事人另有约定的除外。设立居住权的，应当向登记机构申请居住权登记。居住权自登记时设立。

《民法典》第三百六十九条

居住权不得转让、继承。设立居住权的住宅不得出租，但是当事人另有约定的除外。

11. 土地承包经营权可以自由转让吗

经典案例

李某是A村村民。经过村集体的分配，获得某处中心地带的土地承包经营权。由于地理位置优越，某城市富商找到李某，表示想以高价购买李某所分得的土地，并希望能把农地改造成村里的购物中心。李某对富商开出的价格非常满意，决定签订转让合同。李某的邻居听闻此事，忙赶来告诉他，土地承包经营权不能随意转让给村集体以外的人，更不能改变用途。而李某则认为，自己的地自己做主，自己想卖就卖。

案例解析

根据《最高人民法院关于审理涉及农村土地承包纠纷案件适用法律问题的解释（2020修正）》（法释〔2020〕17号）第十三条规定："承包方未经发包方同意，转让其土地承包经营权的，转让合同无效。但发包方无法定理由不同意或者拖延表态的除外。"在上述案例中，李某的土地是由村集体发包给他的，他只享有土地承包经营权。而李某想要转让自己的土地承包经营权，是需要村集体同意的。未经村集体同意，李某和富商签订的买卖合同不具有法律效力。并且《民法典》第三百三十四条规定，未经依法批准，不能将承包地用于非农建设。

《民法典》第三百三十一条规定，土地承包经营权是指自然人或社会组织依据承包合同对农民集体所有或者国家所有由农民集体使用的土地享有的占有、使用和收益的权利。在法典的表述中，是没有处分权能的。在我国，土地的所有权属于国家和集体，任何自然人都无权出卖土地。土地承包经营权是一项与农民身份关系密切的权利，在一般情况下，只能在村集体内部进行流转。如果村民想要对外流转，是需要村集体进行批准的，这样才能确保老百姓不因为一时头脑发热而丧失了赖以生存发展的基础。

当下，我国正在落实农村"三权分置"的改革，其内涵在于把土地的所有权、土地承包经营权和土地经营权相分离。对于农村外出打工的人，可以把土地的承包经营权自由转让出去，由一些大型企业来开展规模化经营，减少人员成本投入，用科技提高整体产量。这样既能有效地保障农村集体经济组织和承包农户的合法权益，同时也有利于现代农业发展。

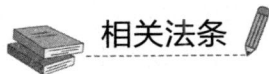

相关法条

《民法典》第三百三十一条

土地承包经营权人依法对其承包经营的耕地、林地、草地等享有占有、使用和收益的权利，有权从事种植业、林业、畜牧业等农业生产。

《民法典》第三百三十四条

土地承包经营权人依照法律规定，有权将土地承包经营权互换、转让。未经依法批准，不得将承包地用于非农建设。

《民法典》第三百三十九条

土地承包经营权人可以自主决定依法采取出租、入股或者其他方式向他人流转土地经营权。

12. 抵押期间，抵押人可以自由转让抵押财产吗

经典案例

周某遇资金周转困难，向闫某借款50万元，约定2020年6月归还。为了确保周某按时还款，闫某要求周某以自有的A房屋作为抵押，并且为周某的A房屋办理了抵押登记。2020年4月，未经闫某的同意，周某把A房屋卖给了王某，并且次日带王某完成了过户登记。2020年5月，闫某得知周某把房屋出卖的消息，认为周某出卖房屋的行为侵害了自己的抵押权，要求周某立刻还款。而周某则主张，依据《民法典》的规定，自己有权转让房屋，闫某无权干涉。

案例解析

根据《民法典》第四百零六条的规定，在财产被抵押期间，当事人之间如果没有特殊约定，抵押人可以转让抵押财产。在本案例中，周某作为抵押人，是有权利在A房屋被抵押给闫某的情况下自由转让A房屋的。而作为抵押权人的闫某，因为事先没有特别约定而无权干涉。

该条法律规定从根本上改变了《中华人民共和国物权法》第一百九十一条的规定——抵押人如果在抵押期限内要转让财产，必须经过抵押权人的同意。这一条是《民法典》进行新修改的亮点，需要我们在日常生活和法律实践中高度重视。如果我们对债务人极度不放心，可以通过单独约定的方式限制抵押人自由转让抵押财产的权利。但必须强调的是，依据现行法律的规定，仍然可以有效保障抵押权人的受偿权。其理由在于我国法律承认了抵押权的"追及效

力"。也就是说，不论抵押财产如何流转，当债务人不能清偿债务时，债权人仍可以就抵押财产来进行受偿。在本案例中，如果周某到期不能归还50万元借款，闫某仍然可以请求法院拍卖变卖已经登记在王某名下的房屋。其正当性依据在于，王某在和周某一起做房屋转让的变更登记时，能够看到登记簿上记载的该房屋已经抵押给闫某的情况，王某理应对抵押权可能会导致自己失去房屋有合理的预期。所以，法律更加保护抵押权人闫某的权益。

该条法律条文的修改值得引起大家的重视，其原因有两点。首先，抵押这种担保方式在现实生活中很常见。为了获取贷款，人们经常会把自己的房屋抵押给银行或者其他金融机构。其次，这一规则与原来的法律规定完全相反，需要法律工作者和社会公众及时更新自己的法律知识，以减少纠纷的发生。

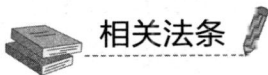

相关法条

《民法典》第四百零六条

抵押期间，抵押人可以转让抵押财产。当事人另有约定的，按照其约定。抵押财产转让的，抵押权不受影响。

抵押人转让抵押财产的，应当及时通知抵押权人。抵押权人能够证明抵押财产转让可能损害抵押权的，可以请求抵押人将转让所得的价款向抵押权人提前清偿债务或者提存。转让的价款超过债权数额的部分归抵押人所有，不足部分由债务人清偿。

13. 质权人可以使用质押的财产吗

经典案例

马某于2019年1月向朱某借款5万元用于购买高档吸尘器，为了担保债务的履行，马某将自家高档山地自行车质押给了朱某，并承诺2020年1月归还借款。在这一年中，朱某多次骑马某的高档自行车出去和朋友旅游。2020年1月，马某找到朱某归还借款，并取回自己的山地自行车，却发现自己的山地自行车多处被剐蹭，甚至左侧车闸已经断裂。马某十分愤怒，要求朱某赔偿自己的高档山地自行车，而朱某则表示，自己占有山地自行车自然有权使用。

案例解析

根据《民法典》第四百三十一、第四百三十二条的规定，质权人（债权人）在占有出质人的财产期间，未经出质人（债务人）的同意，不能随意使用出质人的质押财产。如果质权人的行为导致出质人的财产遭受损失，出质人可以要求质权人赔偿。在本案例中，朱某（质权人、债权人）擅自使用马某（出质人、债务人）的质押财产，并且造成了马某高档山地自行车的损坏，是质权人滥用权利的行为，应当承担赔偿责任。

质权是一种担保物权，其含义是：为了担保债务的履行，出质人将自己或者第三人的动产出质给质权人占有，当出质人不能按期履行债务时，质权人可以就该出质的动产优先受偿。由于质权人能够占有出质的财产，所以质权人往往更加放心，如果出质人到期不能履行债务，那么可以更为方便地请求有关机关将该财产拍卖变卖，以获得清偿。

质权人在占有出质人的动产时，不能随意使用和处分该质押财产，反而要保管好该质押财产，防止该质押财产损坏或者贬值。如果该质押财产确实发生了不能归责于质权人原因的损坏，质权人应该及时通知出质人，由出质人来做相应的处理。

相关法条

《民法典》第四百三十一条

质权人在质权存续期间，未经出质人同意，擅自使用、处分质押财产，造成出质人损害的，应当承担赔偿责任。

《民法典》第四百三十二条

质权人负有妥善保管质押财产的义务；因保管不善致使质押财产毁损、灭失的，应当承担赔偿责任。

质权人的行为可能使质押财产毁损、灭失的，出质人可以请求质权人将质押财产提存，或者请求提前清偿债务并返还质押财产。

14. 当事人之间只要存在债权债务纠纷，就可以适用留置权吗

经典案例

赵某购买了一台全新的兰博基尼，一个月后出现故障，于是送到A修理厂修理。待A修理厂修理完后，赵某前来支付本次修理费准备取车，却被告知不能取走车辆，原因是赵某之前曾经醉酒驾车撞坏过A修理厂门口的招牌，至今仍未赔偿。因此，修理厂扣留兰博基尼，要求赵某先赔偿门口招牌的修理费用。赵某认为，兰博基尼的修理费用已经支付完毕，修理厂无权留置此车，要求修理厂立刻归还兰博基尼。

案例解析

《民法典》第四百四十八条规定，债权人留置的动产应当与债权属于同一法律关系。在上述案例中，赔偿广告牌和维修车辆显然是两个法律关系，因此修理厂无权留置赵某的兰博基尼。但如果是赵某拒付车辆的修理费用，那么修理厂当然可以留置车辆。

留置权是我国担保物权制度中的一种，也是效力最强的一种担保物权，是指合法占有债务人动产的债权人，在债务人不履行到期债务时，可留置该动产并以其价值有优先受偿的权利。比如，张三委托李四加工一批货物，加工完成后张三拒绝向李四支付报酬，这时李四就可以留置该笔货物，在李四为张三预留合理的期限后，若张三仍不支付款项，那么李四就可以直接拍卖、变卖货

物，用获得的价款来抵销张三的欠款。

因此留置的效力非常强大，所以我们为留置权的适用施加了一些条件。比如，债权人已经合法占有属于债务人所有的动产，如果张三欠李四的钱，但李四偷了张三家的电视作为留置财产，是不被法律允许的。同时，法律还要求留置财产不得违背公序良俗，比如，大学生欠缴学费，学校不能通过留置其学生证的方式督促其缴纳。此外，我们要求债权人留置的动产应当与债权属于同一法律关系（但是企业之间留置的除外）。

相关法条

《民法典》第四百四十七条

债务人不履行到期债务，债权人可以留置已经合法占有的债务人的动产，并有权就该动产优先受偿。前款规定的债权人为留置权人，占有的动产为留置财产。

《民法典》第四百四十八条

债权人留置的动产，应当与债权属于同一法律关系，但是企业之间留置的除外。

15. 客户不支付报酬，
可以留置客户远高于报酬数额的财物吗

经典案例

万某开了一家网吧，经营过程中遇到网吧电脑全部中病毒。万某找到杨某修理电脑，共100台电脑，每台电脑单价1万元。杨某修理完成，修理费共计5万元。后遇万某资金周转困难，无法支付修理费，杨某把100台电脑全部留置在自己维修店内。万某则认为杨某可以先把部分电脑给自己，方便自己经营和日后还债。

案例解析

依据《民法典》第四百五十条的规定，当留置的财产为可分物时，留置财产的价值应该相当于债务人所欠债务的价值。万某总共欠杨某5万元，相当于5台电脑的价值，所以杨某应该把剩下的95台电脑归还给万某。并且，万某的建议也非常合理，只有万某把电脑取回继续开展经营，才能更好地解决问题。

本案中的100台电脑属于法律上的可分物，与之相对的是不可分物。比如，张某带其宠物狗去宠物医院看病，如果张某拒付宠物的医疗费，那么宠物医院可以将宠物狗留置，但不能说只留一个狗头或者狗尾巴，因为狗是不可分物。

当然，债权人留置财产后还负有妥善保管财产的义务。如果财产发生了毁损和灭失，那么留置权人（债权人）是需要承担一定赔偿责任的。另外，在特殊情况下，留置权人还负有及时妥善处理留置财产的义务，比较典型的情况是留置财产属于鲜活易腐的食物与水果等，如果发现这些物品有腐烂变质的情况，要及时拍卖、变卖财产，以防扩大财物损失。

相关法条

《民法典》第四百五十条

留置财产为可分物的，留置财产的价值应当相当于债务的金额。

《民法典》第四百五十一条

留置权人负有妥善保管留置财产的义务；因保管不善致使留置财产毁损、灭失的，应当承担赔偿责任。

合同篇

诚实守信，理智交易，警惕陷阱

1. 寄送价目表有法律约束力吗

经典案例

3月5日，A会计师事务所收到B公司群发的办公用品批量采购价目表，经过事务所采购部门的筛选，A律师事务所把要采购的办公用品清单发送到B公司的邮箱。当天下午，B公司致电A会计师事务所表示办公用品采购价格有了小幅度上调，新的价目表会在一周内重新发送，原来的价目表不再有效。A会计师事务所则认为，B公司应该按照原来的批量采购价目表来签订合同。

案例解析

我国《民法典》第四百七十二条、第四百七十三条分别规定了要约和要约邀请制度。要约的定义是当事人希望与他人订立合同的一种意思表示，而要约邀请则是希望他人向自己发出要约的表示。一般情况下，要约表明的内容是明确具体的。比如，甲对乙说，我想要把我现在的一辆奔驰汽车卖给你，当甲做出这个要约后，甲就负有不能再随意把这辆车出卖给别人的义务，需要等到乙拒绝购买或者经过一定期限默示拒绝后才能出卖给别人。而要约邀请则不同，要约邀请表达的是希望他人来找自己发出要约。比如，我们在商场里收到的各种广告、销售传单以及招股说明书，等等。

在上述案例中，我们很难把B公司群发价目表的行为解释为一种要约，它更符合要约邀请的定义。在现实生活中，我们经常会发现我们的邮箱里塞满了各种推销的广告，这些都属于要约邀请。

在合同的订立过程中，常见的就是通过要约、承诺的方式来完成合同的订立。在日常生活中，因为要约和承诺的过程都发生得非常快，所以我们不会刻意区分。比如，我们去购买一块手表，商家向我们介绍某一产品的各种特色，并询问我们是否愿意购买，这就是商家向我们发出了要约，当消费者表示同意购买时，就完成了承诺。这时候，消费者和卖家之间就形成了一个口头的买卖合同。但要约方和承诺方的角色不是一成不变的，也可能是消费者表示购买某件商品，商家表示有货可以出售。总之，要约和承诺是我们现实生活中订立合同的一般过程，也需要深入了解合同知识的基础内容，值得大家认真学习。

相关法条

《民法典》第四百七十一条

当事人订立合同，可以采取要约、承诺方式或者其他方式。

《民法典》第四百七十二条

要约是希望与他人订立合同的意思表示，该意思表示应当符合下列条件：

（一）内容具体确定；

（二）表明经受要约人承诺，要约人即受该意思表示约束。

《民法典》第四百七十三条

要约邀请是希望他人向自己发出要约的表示。拍卖公告、招标公告、招股说明书、债券募集办法、基金招募说明书、商业广告和宣传、寄送的价目表等为要约邀请。商业广告和宣传的内容符合要约条件的，构成要约。

2. 什么情况下已经签订的合同可以撤销

经典案例

马某是一名古字画的收藏爱好者。一日，马某去好友赵某家做客，突然发现赵某家的墙壁上挂着一幅精美的画作。马某询问该画是否明清时期的画作，赵某点点头。但其实这幅画是赵某花费5000元托朋友临摹的作品。次日，马某又来到赵某家，提出要以10万元的价格购买该画作，赵某欣然同意。

半年后，马某的一名鉴定师朋友来到马某家中，告知马某此画并非明清时期的作品。马某大怒，找到赵某要求其退还10万元。赵某则表示，自己并没有欺骗马某，是马某自己看走了眼，并拒绝退还10万元。

案例解析

根据《民法典》第一百四十八条的规定，交易过程中，如果一方使用欺诈手段，使另一方在违背真实意思的情况下实施民事法律行为，如签订合同，那么受欺诈方有权请求人民法院撤销该合同。在本案例中，赵某明知该画作是仿制品，但是仍欺骗马某说该画作是明清时期的作品，已经构成欺诈。当赵某拒绝归还10万元时，马某有权请求人民法院判决该画的买卖合同无效，此时，丧失了买卖合同的基础，赵某需要把10万元归还给马某，马某把该仿制画归还给赵某即可。

一般情况下，当事人双方订立合同后，就进入了履行阶段。买卖合同双方需要依据合同，在约定的时间、地点交付约定的物品和价款。但是，生活中难免会遇到特殊的情况，这时就需要法律来保障另一方当事人的合法权益。具体而言，法律赋予了处于不利地位的一方当事人撤销权。除了欺诈行为以外，还有三种情况也可能导致合同的撤销。一是胁迫行为，在一方胁迫的情况下，另一方当时一定难以做出真实的意思表示。比如，现实生活中的强买强卖现象。二是乘人之危导致显失公平的情况，如果合同是因为一方处于明显的劣势地位而签订的，就违背了民法的平等原则。比如，张三家庭突发变故，急需现金，李四趁机要求张三把家里价值500万元的花瓶以5万元的价格卖给自己，张三照做。在这种情况下，李四明显是利用了张三的危困境地才促成合同签订。三是存在一方重大误解的情况。比如，李四错把张三的双胞胎哥哥张二当成张三而进行了交易，此时李四可以主张自己存在对当事人的重大误解而撤销已经签订的合同。

对于上述四种情况，受欺诈方、被胁迫方、处于明显劣势地位方、重大误解方都有权向人民法院提出撤销已经签订的合同或者其他民事法律行为。当然，这种撤销权也会受到一定的期限限制，具体规定在《民法典》第一百五十二条，其理由依然在于，法律不保护"躺在权利上睡大觉的人"，并且过去太长时间很可能已经形成新的社会秩序，不宜打破。

相关法条

《民法典》第一百四十八条

一方以欺诈手段，使对方在违背真实意思的情况下实施的民事法律行为，受欺诈方有权请求人民法院或者仲裁机构予以撤销。

《民法典》第一百五十二条

有下列情形之一的，撤销权消灭：

（一）当事人自知道或者应当知道撤销事由之日起一年内、重大误解的当事人自知道或者应当知道撤销事由之日起九十日内没有行使撤销权；

（二）当事人受胁迫，自胁迫行为终止之日起一年内没有行使撤销权；

（三）当事人知道撤销事由后明确表示或者以自己的行为表明放弃撤销权。

当事人自民事法律行为发生之日起五年内没有行使撤销权的，撤销权消灭。

3. 一方未签字的合同直接开始履行，是否符合法律规定

经典案例

6月1日，甲地产公司向乙建材公司采购50辆工程车，双方合同约定，乙建材公司在8月1日前向甲地产公司交付50辆工程车，货到付款，合同自双方签字时成立。7月1日，乙建材公司发现库存不足，因此未在合同书上签字，并通知甲地产公司只能交付40辆工程车。甲地产公司表示同意。7月31日，乙建材公司把40辆工程车交给甲地产公司。

8月10日，由于建材市场价格波动，工程车价格急速上涨，乙建材公司以合同未签字为由主张合同不成立，要求甲地产公司返还工程车。甲地产公司拒绝。

案例解析

根据《民法典》第四百九十条的规定，在签名、盖章或者按手印前，当事人一方已经履行主要义务，对方接受时该合同成立，买卖合同自成立时生效。在本案中，虽然乙建材公司没有在合同上签字，但是乙建材公司已经交给了甲地产公司工程车，并且甲地产公司已经接受，此时合同就已经成立生效，此时是否签字不再影响合同的效力。

在日常生活中，其实这种现象很常见。现在很多合同在签订时并不能面对面进行，经常采用邮寄或者传真的方式。一些合同虽然当事人约定采用书面合

同的形式，但是由于当事人的粗心马虎或者其他意外事件等，导致合同一方当事人没能在合同上签字。正常情况下，这种合同确实应该不成立，但是在特殊情况下，一方当事人已经开始履行合同中约定的义务，并且另一方当时已经接受了这种义务的履行，最典型的是买卖合同中卖方发货，买方签收的情形。这时虽然合同仍有一方未签字，但是不影响合同已经直接进入履行阶段的事实。一般来说，我们在研究合同法律问题时，会把合同的签订和履行区分为两个阶段，第一个阶段是合同的订立过程，其产生的结果是合同的顺利签订。第二个阶段是合同的履行过程，在这个过程中，发生出卖物的交付和金钱的往来。这样的法律规定既照顾了社会中存在的特殊情况，也很好地兼顾了效率原则。

相关法条

《民法典》第四百九十条

当事人采用合同书形式订立合同的，自当事人均签名、盖章或者按指印时合同成立。在签名、盖章或者按指印之前，当事人一方已经履行主要义务，对方接受时，该合同成立。

法律、行政法规规定或者当事人约定合同应当采用书面形式订立，当事人未采用书面形式但是一方已经履行主要义务，对方接受时，该合同成立。

4. 商品房销售过程中承诺"绿水青山"，是否具有约束力

经典案例

小王在大城市奋斗多年终于决定购买房屋，最终选定了某房地产开发公司所建的楼盘。该公司交给小王的小区平面图和项目说明书都强调该小区周围有绿水青山，并且有配套健身房等。该楼盘的价格比附近的小区价格都高，但小王考虑到该小区环境优美，当即签订了购房合同。

半年后小王收房时却发现，该小区周围并没有所谓的绿水青山，只有一处花丛和一座假山，更没有配套建设健身房。小王非常生气，要求开发商退款。而房地产开发公司则辩称"绿水青山"只是一种常见的宣传手段，不能算作自己违反约定。

案例解析

一般情况下，房地产开发商所做的商品房的销售广告和宣传资料视为要约邀请，不会成为正式的合同内容，因此不存在违约的可能。但是，根据《最高人民法院关于审理商品房买卖合同纠纷案件适用法律若干问题的解释（2020修正）》第三条的规定，若同时符合以下三个条件，该销售广告或者宣传资料应定性为商品房买卖合同的要约，其内容即使未载入商品房买卖合同，亦应当视为合同内容，出卖人违反的，应当承担违约责任。这三个条件是：

（1）销售广告和宣传资料说明和允诺的对象是商品房开发规划范围内的

"房屋"及"相关设施"。

（2）所作的说明和允诺"具体确定"。

（3）该说明和允诺对商品房买卖"合同的订立"以及房屋"价格的确定"有重大影响。

在上述案例中，小王之所以购买某房地产公司的楼盘，很大程度上就是因为项目说明书中所谓"绿水青山"的承诺和良好的生活环境。并且某房地产公司在小区的说明书和平面图中都加入了这方面的宣传，所以我们应该认为，这家房地产公司的承诺不仅仅是一种要约邀请，而是一种要约，是促成合同成立的重要因素。在此，小王可以通过两种不同的方式来救济自己，首先，小王可以主张房地产开发公司涉嫌欺诈，请求人民法院撤销该合同。其次，小王还可以主张自己购买房屋的合同目的落空，导致该合同的履行对自己没有任何意义，请求法院判决解除该合同，并让房地产开发公司承担违约责任。

相关法条

《民法典》第四百七十二条、第四百七十三条

条款具体内容详见《寄送价目表有法律约束力吗》一节。

《最高人民法院关于审理商品房买卖合同纠纷案件适用法律若干问题的解释（2020修正）》第三条

商品房的销售广告和宣传资料为要约邀请，但是出卖人就商品房开发规划范围内的房屋及相关设施所作的说明和允诺具体确定，并对商品房买卖合同的订立以及房屋价格的确定有重大影响的，构成要约。该说明和允诺即使未载入商品房买卖合同，亦应当为合同内容，当事人违反的，应当承担违约责任。

5. 签订房屋买卖合同后遭遇禁售制度，该如何处理

📚 经典案例

2015年6月，甲与外来务工人员乙订立房屋买卖合同，约定：甲将其拥有的A市商品房出卖给乙，房款300万元，首付20%，余款通过按揭贷款支付。甲、乙订立房屋买卖合同后，乙支付首付款之前，当地出台了新的房地产调控政策，禁止此地商品房市场的交易。甲要求乙尽快支付房款，履行合同约定，等房地产市场恢复交易后，再带领乙去办理过户登记。而乙则认为，当地房地产市场何时能够恢复存在很大的不确定性，于是诉请法院以情势变更为由判决解除甲乙之间的房屋买卖合同。

💡 案例解析

《民法典》中吸纳了《最高人民法院关于适用〈中华人民共和国合同法〉若干问题的解释（二）》第二十六条关于"情势变更"的规定，其含义是指合同有效成立后，履行完毕之前，合同赖以订立的客观情势发生了当事人订立合同时不可预见的异常变动，导致合同的基础动摇或丧失，若继续维持合同原有效力有悖于诚实信用，将导致显失公平的后果，则应允许合同当事人通过司法程序变更合同内容或者解除合同的制度。具体到上述案例中，甲、乙双方虽然已经签订了完整的房屋买卖合同，但是由于当地房地产市场的相关政策调控，导致房屋的实际交易已不可能实施，毕竟房屋的顺利买卖要建立在交易自由的

原则之上才能进行，并且这种禁售政策持续的时间无法确定，在这种情况下，乙当然可以请求人民法院判决解除买卖合同。

其实在新冠肺炎疫情背景下，情势变更制度变得更为重要。比如，由于新冠肺炎疫情原因，一些城市的街道彻底封锁，对一些从事餐饮行业的小商贩的影响巨大。比如，租赁双方签订了一个长达3年的商铺租赁合同，但在新冠肺炎疫情背景下，承租方可以请求依据情势变更原则解除租赁合同，或者减少店铺的租金。

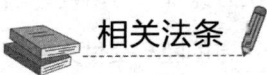

相关法条

《民法典》第五百三十三条

合同成立后，合同的基础条件发生了当事人在订立合同时无法预见的、不属于商业风险的重大变化，继续履行合同对于当事人一方明显不公平的，受不利影响的当事人可以与对方重新协商；在合理期限内协商不成的，当事人可以请求人民法院或者仲裁机构变更或者解除合同。

人民法院或者仲裁机构应当结合案件的实际情况，根据公平原则变更或者解除合同。

6. 什么情形下可以要求惩罚性赔偿

▤ 经典案例

2007年2月28日，张莉从合力华通公司购买雪佛兰景程轿车一辆，价格为138 000元，双方签订的"汽车销售合同"第七条约定："卖方保证买方所购车辆为新车，车辆里程表的公里数为18公里且符合卖方提供给买方的随车交付文件中所列的各项规格和指标……"2007年5月13日，张莉在将车辆送交合力华通公司保养时，发现该车曾于2007年1月17日进行过维修。于是张莉诉请撤销汽车销售合同，并请求合力华通公司依法承担相应的责任（包括双倍返还购车款）。

法院一审判决：撤销"汽车销售合同"；张莉返还所购雪佛兰景程轿车；合力华通公司退还张莉购车款124 200元；合力华通公司赔偿张莉购置税12 400元、服务费500元、保险费6060元；合力华通公司加倍赔偿张莉购车款138 000元。合力华通公司不服判决，提起上诉，二审法院判决：驳回上诉，维持原判。

（指导案例17号：张莉诉北京合力华通汽车服务有限公司买卖合同纠纷案）

◌ 案例解析

在该指导案例中，主要有两个裁判要点：第一，张莉为家庭生活消费需要购买汽车，发生欺诈纠纷，可以按照《中华人民共和国消费者权益保护法》（以下简称《消费者权益保护法》）处理；第二，汽车销售者承诺向消费者出售没有使用或维修过的新车，消费者购买后发现系使用或维修过的汽车，销售者不能证明已履行告知义务且得到消费者认可的，构成销售欺诈，消费者要求销售者按照《消费者权益保护法》赔偿损失的，人民法院应予支持。

法律上所谓的惩罚性赔偿，指的是在进行正常的补偿性损害赔偿已经填补了受害人全部损失以外，依据法律的明文规定，受害人可以另行主张的一种损害赔偿。其用意在于惩罚另一方当事人，使其不敢再做类似的行为，达到警戒的目的。惩罚性赔偿是民法制度中的特例，因此要严格遵照相关法律的规定。上述指导案例也是在严格审查可以适用《消费者权益保护法》第五十五条规定的基础上作出的判决。

《民法典》中对惩罚性赔偿的规定只有三处，其他规定分布在各种单行法中，如《中华人民共和国药品管理法》第一百四十四条，《最高人民法院关于审理医疗损害责任纠纷案件适用法律若干问题的解释（2020修正）》第二十三条也对惩罚性赔偿进行了规定。

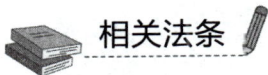

相关法条

《民法典》第一千一百八十五条

故意侵害他人知识产权，情节严重的，被侵权人有权请求相应的惩罚性赔偿。

《民法典》第一千二百零七条

明知产品存在缺陷仍然生产、销售，或者没有依据前条规定采取有效补救措施，造成他人死亡或者健康严重损害的，被侵权人有权请求相应的惩罚性赔偿。

《民法典》第一千二百三十二条

侵权人违反法律规定故意污染环境、破坏生态造成严重后果的，被侵权人有权请求相应的惩罚性赔偿。

7. 合同中既约定了违约金，也约定了定金，发生纠纷时该如何处理

经典案例

郑某和邢某签订电视机的买卖合同。合同约定双方任何一方违约，需支付违约金3万元。同时，邢某向郑某交付了1万元定金。后来，郑某发生了违约行为。邢某主张，郑某应该先支付自己3万元违约金，再双倍返还自己的定金，共计5万元。郑某认为邢某的主张没有法律依据，认为郑某只能主张违约金3万元。

案例解析

我国《民法典》规定，如果合同双方当事人之间存在既约定了违约金，又约定了定金的情况，当一方违约时，另一方当事人可以选择适用其一，即违约金和定金择一适用。在本案例中，由于郑某的违约，邢某可以选择适用违约金或者定金。如果邢某选择违约金，则郑某需要向邢某支付3万元，并且还需要退还邢某之前交付的1万元定金（因为该定金没有派上用场），共计4万元。如果邢某选择了定金，那么郑某需要双倍返还邢某的定金，即邢某获得2万元。综合来看，邢某若选择违约金条款，对自己更加有利。

在现实生活中，大家普遍对违约金比较熟悉，对定金规则可能比较陌生。我国《民法典》规定的定金规则是，支付定金的一方如果发生违约，则无权要求退还定金。而收受定金的一方如果发生违约，那么需要双倍返还定金。比

如，在该案例中，如果是邢某发生违约，那么郑某一方面可以要求邢某支付违约金，并退还定金，另一方面也可以直接主张定金不再退还。

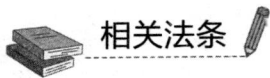

相关法条

《民法典》第五百八十七条

债务人履行债务的，定金应当抵作价款或者收回。给付定金的一方不履行债务或者履行债务不符合约定，致使不能实现合同目的的，无权请求返还定金；收受定金的一方不履行债务或者履行债务不符合约定，致使不能实现合同目的的，应当双倍返还定金。

《民法典》第五百八十八条

当事人既约定违约金，又约定定金的，一方违约时，对方可以选择适用违约金或者定金条款。

定金不足以弥补一方违约造成的损失的，对方可以请求赔偿超过定金数额的损失。

8. 购买房屋者拿到了钥匙，
房屋却因失火被烧，由谁承担损失

经典案例

万某将自己拥有的一栋别墅卖给钱某，双方签订了买卖合同，并且万某已经将房屋的钥匙交付给了钱某。可是在办理过户手续的过程中，别墅遭遇雷击失火，被烧毁。万某要求钱某继续按照合同约定支付别墅的价款，而钱某则认为房屋已经毁损，拒绝支付别墅价款。

案例解析

根据《民法典》第六百零四条确立的买卖合同风险负担规则，在标的物交付给买受人之前，风险由出卖人承担，而交付后则由买受人承担。并且，一般在不动产的买卖中，我们以房屋钥匙的实际交付与否来判断房屋是否进行了交付。本案中双方签订买卖合同时，万某就将钥匙交给了钱某，说明房屋的毁损灭失风险应该由钱某来承担，所以，钱某仍需支付别墅的价款。

要想正确地理解民法上的风险负担规则，我们首先需要明确什么是民法上的"风险"。在某项法律关系中，任何可以归责于参与法律关系一方的事件都不能称之为风险，比如，买卖合同中一方当事人出现了故意或者过失导致标的物的毁损，这属于有人可归责的情况。风险指的是不能归责于当事人的原因导致标的物毁损灭失的情况，这种损失后果就是风险。比如，标的物被盗，被泥石流冲走，因火灾、地震等导致毁损的后果，才属于所谓的风险。正是因为风险不是某一方造成的，所以我们需要合同中的一方来承担这种风险。《民法典》确立的原则——以交付为标准。比如，张三卖给李四一块名表，双方签订完买卖合同，李四交完钱，从张三把表交到李四手上的那一刻开始，名表再发生任何丢失被盗等风险都应该由李四承担。但如果李四只付了一半的价款，张三就把表给了李四，这时，手表即使发生了被盗，李四也应该继续向张三交付剩下的一半价款。所以，我们常说：买卖合同中谁承担风险，谁就要承担"一无所有"的后果。

相关法条

《民法典》第六百零四条

标的物毁损、灭失的风险，在标的物交付之前由出卖人承担，交付之后由买受人承担，但是法律另有规定或者当事人另有约定的除外。

9. 在分期付款交易中，
买受人拒不支付到期价款怎么办

经典案例

朱某将一房屋以200万元出卖给钱某，双方合同约定：房屋的全部价款分为10期支付，每期支付20万元。合同签订后，朱某向钱某交付了房屋。钱某支付完第4期房款之后，请求朱某为其办理房屋的过户登记，朱某同意了钱某的请求。但是此后，钱某一直不支付到期的第5期和第6期购房款。对此，朱某主张解除房屋买卖合同并以收回房屋，而钱某则认为房子已经属于自己，与朱某无关。

案例解析

《民法典》第六百三十四条规定了分期付款买卖的具体规则，当买方未支付的到期价款已经达到全部价款的五分之一，卖方催收未果的情况下，卖方可以选择要求买方一次性支付全部价款或者解除买卖合同。在本案中，钱某未支付第5期和第6期价款计40万元，占到了总价款200万元的五分之一。因此，朱某可以选择让钱某一次性支付剩余的全部价款，或者行使合同的解除权，要求钱某搬离房屋。如果朱某选择后者，解除了房屋买卖合同，那么钱某还需要支付一定的房屋使用费，计算标准可以参照当地同期的房屋租金，朱某可以在钱某前4期的房款中扣除使用费后再退还已付的购房款。

对于分期付款的买方来说，未支付的到期价款金额未达到五分之一是法定的最低比例。基于保护买方合法权利的角度，如果合同方当事人擅自约定低于五分之一（如约定买方未支付价款达到全部价款的十分之一）就可以由卖方解除合同或者请求一次性支付全部价款，是无效的约定，不发生约束双方的法律效力。

在当今社会，人们的消费观念正在悄然发生变化，很多年轻人会选择以分期付款的方式购买商品。其实分期付款的本质是用自己未来的信用担保当下的购买力，一旦未来发生不确定因素，就可能使自己不能按期还款，进而导致自己信用程度的降低。所以，针对分期付款方式的买卖，还是应该保持小心谨慎的态度，适当约束自己的消费欲望。

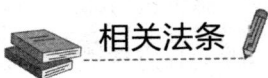

相关法条

《民法典》第六百三十四条

分期付款的买受人未支付到期价款的数额达到全部价款的五分之一，经催告后在合理期限内仍未支付到期价款的，出卖人可以请求买受人支付全部价款或者解除合同。

出卖人解除合同的，可以向买受人请求支付该标的物的使用费。

10. 赠与合同可以任意撤销吗

经典案例

黑鑫公司是某市一家专门从事房地产开发的大型企业。2020年1月，某市某地发生大地震，当地政府呼吁社会各界捐款救灾。黑鑫公司立刻向当地慈善机构表示愿意为灾区捐款500万元。该公司的行为赢得了社会公众的一致点赞。

但是，当地慈善机构迟迟没有等到500万元的救灾款。慈善机构部门负责人联系黑鑫公司问询情况时，黑鑫公司在电话中表示公司享有任意撤销权，经过内部讨论决定取消这次的捐款计划。

案例解析

根据《民法典》第六百五十八条的规定，赠与人在把赠与财产交给受赠人之前确实拥有任意撤销权，即可以随时决定不再继续进行赠与，但是这种任意撤销权在救灾扶贫等具有公益目的、道德性质以及经过公证机关公证过的情况下不适用。案例中黑鑫公司表示向当地慈善机构捐款的行为已经使其与慈善机构之间形成了赠与合同关系，且黑鑫公司的500万元是用于救灾的款项，是不存在任意撤销权的。所以，慈善机构仍可以催促黑鑫公司尽快交付500万元救灾款。

一般情况下，我们都会认为"赠与"是在做好事，当然应该允许赠与人存在反悔的空间。比如，一对情侣恋爱时，男方说要给女方100万元，但是直到两人分手男方也没有兑现，这时女方如果要求男方交付这100万元，那么法律是不会支持的。但是，对于案例中的救灾款的赠与而言，则不能撤销，其理由在于，当一个人或者一个企业承诺捐款时，带来的是其社会评价的提升，这种价值是广泛并且深远的，很多调查都显示消费者更加倾向于选择具有社会责任感的企业的产品。并且，救灾扶贫款项一般具有紧迫性，擅自撤销赠与合同会导致瞬间的资金空缺，延误原本的救援计划。

赠与合同除了规定任意撤销权以外，还规定了法定撤销权。具体规定在《民法典》的第六百六十三条。不同于任意撤销权只能撤销还未交付的财产，法定撤销权的形式不论赠与合同的类型（是否公证、是否属于公益、道德性质的赠与），也无论财产是否交付给受赠人，都可以法定撤销，其情形主要是以下三种：（一）严重侵害赠与人或者赠与人近亲属的合法权益；（二）对赠与人有扶养义务而不履行；（三）不履行赠与合同约定的义务。

相关法条

《民法典》第六百五十八条

赠与人在赠与财产的权利转移之前可以撤销赠与。

经过公证的赠与合同或者依法不得撤销的具有救灾、扶贫、助残等公益、道德义务性质的赠与合同，不适用前款规定。

《民法典》第六百六十条

经过公证的赠与合同或者依法不得撤销的具有救灾、扶贫、助残等公益、道德义务性质的赠与合同，赠与人不交付赠与财产的，受赠人可以请求交付。

依据前款规定应当交付的赠与财产因赠与人故意或者重大过失致使毁损、灭失的，赠与人应当承担赔偿责任。

11. 什么是"买卖不破租赁"

经典案例

许某将自己名下三室一厅的房屋出租给曾某。在曾某居住期间内，许某将房屋卖给了郝某，并完成了房屋的过户手续。

郝某取得该房屋所有权后，通知曾某尽快搬离。曾某认为自己已经支付了租金，有权继续居住在该房屋内。

案例解析

根据《民法典》第七百二十五条的规定，承租人依据租赁合同占有租赁物期间，如果租赁物的所有权发生变动，不影响原来租赁合同的效力。在本案中，郝某虽然取得了房屋的所有权，但是由于曾某与许某签订了合法、有效的租赁合同并且占有该房屋，所以曾某和许某之间的租赁合同对郝某继续有效，郝某不能要求曾某搬离该房屋，需要等到曾某租赁合同到期，曾某才有义务搬出房屋。这就是民法的"买卖不破租赁"制度。

这一制度的核心在于保护处于弱势一方的承租人利益。在法理上，所有权是一种物权，而租赁合同是一种债权，物权效力强于债权是民法制度的一般原则，但是"买卖不破租赁"制度正是对这一原则的突破。在现在的大城市中，租房者一般都是正在打拼的年轻人，经常没有稳定的住所，因此法律基于社会公平和弱者保护的理念规定了这一制度，凸显出民法是市民权利的保护法。

有读者可能会想知道，如果案例中郝某是完全善意的，是因为许某故意隐瞒了房屋内有人租赁居住的情况才购买的房屋，那郝某的权利如何保护呢？首先，既然房屋已经卖给了郝某，郝某作为所有权人是有权利收取租金的，如果曾某已经把租金都给了许某，郝某可以主张许某返还房租。其次，如果许某确实故意隐瞒了房屋已经被出租的情况，导致郝某在被欺骗的情况下购买了该房屋，郝某还可以主张撤销合同并要求相应的损失赔偿。若郝某不主张合同的撤销，也可以要求许某承担违约责任（许某负有交付给郝某无人居住房屋的义务，如果未能交付，构成违约）。

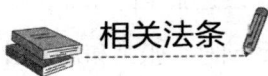

相关法条

《民法典》第四百零五条

抵押权设立前，抵押财产已经出租并转移占有的，原租赁关系不受该抵押权的影响。

《民法典》第七百二十五条

租赁物在承租人按照租赁合同占有期限内发生所有权变动的，不影响租赁合同的效力。

12. 房屋租赁到期后，
屋内装饰装修物该如何处理

经典案例

张某将房屋出租给郑某，租期为6年。在租赁期间，经过张某的允许，郑某花费100万元对该房屋进行了豪华装修。在租赁即将到期时，张某和郑某因为一些装饰装修物的归属发生了争议，涉及的物品主要有空调、电视、高档壁纸和实木地板。

张某认为这些物品中的壁纸和地板郑某不能随意拆卸，会影响房屋的美观。而郑某则认为这些物品都是自己购买的，如果张某拒绝自己取回，需要支付一定的费用。

案例解析

根据《民法典》第七百一十五条和《最高人民法院关于审理城镇房屋租赁合同纠纷案件司法解释的理解与适用》的相关规定，承租人想要对租赁的房屋进行装修装饰，应该经过出租人的同意。未经出租人同意进行的装饰装修，出租人有权请求承租人恢复房屋原状，造成损坏也需要进行赔偿。而经过出租人同意的装修装饰，对装修装饰物的处理要区分不同的情况。对于明显独立的物品，如案例中的电视、空调，承租人可以取回，如果因为取回给房屋造成了损坏，也需要对出租人进行必要的赔偿（比如，因为拆空调留下的墙洞，需要进行必要填补）。而对于已经成为组成房屋一部分的装饰装修物，如壁纸、地板以及油漆等不容易和房屋进行分离的物品，其又要内在地分为三种情况。第一种是正常的租赁到期，对于房屋内的地板及壁纸等装饰装修物，承租人无权要求出租人补偿。第二种是因为租赁合同无效而终止了租赁关系，比如，房屋是法律规定的不能出租的查封扣押房屋，这时候出租人和承租人依照过错分担装饰装修物的费用（比如，该房屋完全是由于出租人故意隐瞒房屋已经被查封的情况而促成的交易，那么应该由出租人承担责任）。第三种是租赁合同被解除的情况下，若因为政府限制出租等政策，则由双方公平分担；若是因为出租人违约，则由出租人承担；若承租人违约，则由承租人承担；若双方都存在违约，则各自根据过错程度分担。

在本案例中，因为不存在合同被认定无效和合同被解除的情形，而是自然的租赁到期。郑某有权取回自己的电视和空调，但是无权取回高档壁纸和地板，也无权要求张某支付一定的费用。

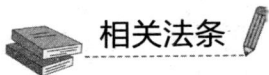

相关法条

《民法典》第七百一十五条

承租人经出租人同意，可以对租赁物进行改善或者增设他物。

承租人未经出租人同意，对租赁物进行改善或者增设他物的，出租人可以请求承租人恢复原状或者赔偿损失。

《最高人民法院关于审理城镇房屋租赁合同纠纷案件具体应用法律若干问题的解释（2020修正）》第九条

承租人经出租人同意装饰装修，合同解除时，双方对已形成附合的装饰装修物的处理没有约定的，人民法院按照下列情形分别处理：

（一）因出租人违约导致合同解除，承租人请求出租人赔偿剩余租赁期内装饰装修残值损失的，应予支持；

（二）因承租人违约导致合同解除，承租人请求出租人赔偿剩余租赁期内装饰装修残值损失的，不予支持。但出租人同意利用的，应在利用价值范围内予以适当补偿；

（三）因双方违约导致合同解除，剩余租赁期内的装饰装修残值损失，由双方根据各自的过错承担相应的责任；

（四）因不可归责于双方的事由导致合同解除的，剩余租赁期内的装饰装修残值损失，由双方按照公平原则分担。法律另有规定的，适用其规定。

《最高人民法院关于审理城镇房屋租赁合同纠纷案件具体应用法律若干问题的解释（2020修正）》第十条

承租人经出租人同意装饰装修，租赁期间届满时，承租人请求出租人补偿附合装饰装修费用的，不予支持。但当事人另有约定的除外。

13. 定作人突然解除承揽合同，
承揽人如何维护自身合法权益

经典案例

老王新购买了一栋别墅，准备在家里放一些雕刻艺术品装点一下门面。老王找到当地极有名气的根雕大师叶师傅，希望叶师傅能帮自己雕一尊关羽像放在门口，待雕像完成后支付对方报酬500万元。叶师傅欣然答应。此后，叶师傅花费50万元购买了上等木材。

半年后，老王的资金周转产生了一些困难，通知叶师傅取消关羽像的订单。但叶师傅表示雕刻作品的轮廓已经初步完成，再有两个月即可完工，拒绝答应老王取消订单的要求。老王则表示，即使叶师傅完成雕刻作品，自己也不会支付价款。无奈，叶师傅将老王告上了法庭。

案例解析

根据《民法典》第七百八十七条的规定，在承揽合同中，定作人确实可以在工作完成前随时要求解除合同，但是如果因为合同解除给承揽人造成了损失的，应该承担赔偿责任。在本案中，老王是定作人，而叶师傅是承揽人，老王解除其与叶师傅的合同虽然有法律的依据，但并不意味着老王不需要承担任何责任。当叶师傅接到老王的通知时，应该立刻停下手中的工作，清算已经支付的成本费用，要求老王（定作人）支付这些费用。

《民法典》改变了之前《合同法》对于承揽合同的规定，特别增加了解除合同必须在"工作完成前"的表述，其内在表达的含义是，如果定作人安排的任务承揽人已经完成，那么定作人就不能再任意解除承揽合同，其理由在于避免社会资源的浪费。但是，现实生活中可能会遇到比较极端的案例，比如案例中叶师傅已经完成雕刻任务，只剩上色任务，这时候定作人要求解除合同，法律会允许吗？原则上法律会支持定作人的解除权，因为承揽合同本来就是为了满足特定主体需求的合同，如果定作人不需要了，哪怕进行再少的投入也是一种浪费。当然，如果定作人、承揽人能够找到其他愿意接受该定作物品的人，由新的主体替代原来定作人的地位，是更好的选择。

相关法条

《民法典》第七百八十七条

定作人在承揽人完成工作前可以随时解除合同，造成承揽人损失的，应当赔偿损失。

14. 乘客在乘车过程中遭遇人身伤害，责任由谁承担

经典案例

2019年6月1日，张某乘坐某路公交车外出，当公交车行至站点时，因驾驶员躲避前方车辆，张某在车厢内摔倒，随即被送往医院。经医生诊断，张某左膝前交叉韧带断裂。为治疗伤病，张某住院二十多天。出院后，张某一直在家养伤。四个月后，张某到某法医鉴定所鉴定伤情，被评定为十级伤残。为弥补自身损失，张某找到公交公司索要赔偿，但双方就赔偿数额多次协商仍无法达成一致意见。无奈，张某只好将公交公司告上法庭。

案例解析

《民法典》规定，承运人应该对乘客的伤亡承担赔偿责任。在本案例中，张某在公交车上摔伤，应该由公交公司承担相应的赔偿责任，这种责任是一种无过错的赔偿责任，其含义是不论驾驶员是为了躲避其他车辆还是本身驾驶出现了一定的过失，都应该承担这种赔偿责任（乘客自伤、自残除外）。其理由在于，乘客投币或者刷卡上车的时候，就已经和客运公司之间形成了运输合同。作为乘客，负有遵守司机及车厢管理人员管理的责任；而作为客运公司，则负有保障每一位乘客安全抵达目的地的责任。

另外，根据《民法典》第八百二十二条的规定，当乘客在运输途中突发疾病，承运人负有及时救助的义务。比如，在运输途中有乘客突发心脏病，司机

应该立刻采取改变线路、联系医院的措施，最大程度避免结果的进一步恶化。

近些年来，我国多地出现了乘客殴打驾驶员，并且造成严重后果的事件。对于这种严重危害公共安全的行为，由法律来进行制裁。比如，无故殴打驾驶员可能会构成危害公共安全罪，最重可判死刑。作为乘客，面对这样的恶性事件，应该及时制止并联系公安机关，避免出现人员伤亡。

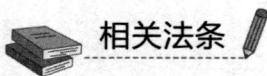

相关法条

《民法典》第八百二十二条

承运人在运输过程中，应当尽力救助患有急病、分娩、遇险的旅客。

《民法典》第八百二十三条

承运人应当对运输过程中旅客的伤亡承担赔偿责任；但是，伤亡是旅客自身健康原因造成的或者承运人证明伤亡是旅客故意、重大过失造成的除外。

前款规定适用于按照规定免票、持优待票或者经承运人许可搭乘的无票旅客。

15. 代人保管财物发生损失，
保管人是否需要赔偿

📚 **经典案例**

张某家因重新翻修房屋，将家中珍藏的珍贵古籍交给朋友胡某保管。胡某欣然应允，把这些古籍放置于自己卧室的床下。某日，胡某外出上班，其楼上住户家里水管破裂，导致胡某家里全部被水淹没，张某的珍贵古籍也因遇水而遭到严重毁损。

张某得知消息后非常生气，责怪胡某没有尽到注意义务，要求胡某赔偿自己的损失。而胡某则表示自己无偿帮忙是出于好心，不应该承担赔偿责任。

💡 **案例解析**

根据《民法典》第八百九十七条的规定，保管合同当事人对保管费用约定不明的情况下，一般视为无偿保管合同。在无偿保管合同中，如果保管物发生了毁损和灭失，只要保管人不存在故意和重大过失的情形，就不承担赔偿责任。在本案中，张某并没有支付胡某相应的保管费。胡某把珍贵书籍放到自家床底下，没有违反一般正常人的注意义务，所以也不构成故意或者重大过失导致书籍毁损的情况。因此，张某无权要求胡某承担赔偿责任。如果本案中胡某把这些珍贵古籍放到了露天的院落里，或者放到了没有任何遮盖的阳台上，最终导致了古籍被雨水淋湿的情况，那么就构成所谓的重大过失。

在保管合同中，我们要严格区分是有偿保管还是无偿保管。有偿保管的保管人有更高的注意义务的要求，而无偿保管的保管人只需要尽到一般合理的注意义务即可。在有偿保管中，如果寄存人未按照约定支付保管费或者其他必要的费用，那么保管人对保管物享有留置权（这种留置权可以在合同约定中排除）。最后需要注意的是，不论保管合同约定是有偿还是无偿，保管人都不能擅自将保管物转由第三人保管。如果保管人把保管物转交第三人保管，对保管物造成损失的，那么应当承担相应的赔偿责任。

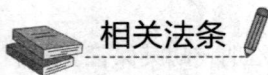

相关法条

《民法典》第八百八十九条

寄存人应当按照约定向保管人支付保管费。

当事人对保管费没有约定或者约定不明确，依据本法第五百一十条的规定仍不能确定的，视为无偿保管。

《民法典》第八百九十七条

保管期内，因保管人保管不善造成保管物毁损、灭失的，保管人应当承担赔偿责任。但是，无偿保管人证明自己没有故意或者重大过失的，不承担赔偿责任。

16. 借款人提前还款，利息如何计算

经典案例

2015年1月，雷某向贺某借款20万元，约定2020年1月还款，年利率为5%。2016年，雷某持有的股票暴涨，雷某通知贺某要提前归还20万元，要求贺某提供收款账户的卡号。贺某拒绝了雷某的还款请求，理由是合同约定2020年1月还款，雷某应该严格按照合同执行。在雷某的反复恳求下，贺某答应了雷某提前还款的要求，但提出条件，雷某必须按照合同约定继续支付5年的利息。雷某非常生气，找到公证机关办理了20万元借款及一年期利息的提存。

案例解析

依据《民法典》的规定，若借款人提前返还借款，应当按照实际借款的期限来计算利息。在本案中，雷某和贺某的合同中并没有明确约定不能提前还款，所以雷某当然有权提前归还借款，并且，雷某支付的利息应该按照实际借款的一年期限来计算。

借款合同是我们日常生活中很常见的一种合同类型，我们常提及的借款合同指的是自然人与自然人之间的借款合同，与商业借款（自然人和银行、法人之间的借款）合同存在一定的区别。在自然人之间的借款合同中，有几点特殊规则值得我们学习和注意。首先，如果没有特别约定利息利率，一般情况下我们认为是一种无偿的借贷。其次，如果没有特别约定还款的期限，则借款人可以随时返还，而贷款人可以催告借款人在合理的期限内返还。再次，自然人之

109

间的借款合同是一种实践合同，自贷款人（出借人）提供借款时才成立。如果自然人之间仅仅是签订了合同，但是贷款人没有提供相应的款项，那么此时合同还未成立。法律这样规定主要是为了保护贷款人的利益，因为自然人之间的借款往往存在很强的人身信任性，只要贷款人还没有把借款交给借款人，此时都是不受合同约束的。

相关法条

《民法典》第六百七十七条

借款人提前返还借款的，除当事人另有约定外，应当按照实际借款的期间计算利息。

17. 快递丢失如何索赔

经典案例

刘某是某大学大二年级的学生。由于该大学采取校门口收发快递的措施，每天中午都会有很多快递车到校门口，把各种快递放到地上，等待学生自己来领取。刘某某次购买了一支高档口红，但是到校门口领取的时候发现自己的快递不见了。经过长时间寻找，快递小哥认为是学校里其他同学拿错了，让刘某自己寻找，但是刘某认为自己完全无从下手，校门口也没有监控设施，责任应该由快递公司承担。

案例解析

《民法典》第五百一十二条和第六百零四条对快递商品毁损、丢失的责任承担作出了规定。通过互联网等信息网络订立的电子合同的标的为交付商品，并且采用快递物流方式交付的，收货人的签收时间为交付时间。标的物毁损、灭失的风险，在标的物交付之前由出卖人承担，交付之后由买受人承担，但是法律另有规定或者当事人另有约定的除外。依据上述法律规定，我们可以得出结论，在快递签收之前如果发生了损坏或者丢失，买家可以联系销售者进行重发或者赔偿。在本案例中，刘某可以要求销售口红的店铺为自己重新发货。

这时候，可能有一些人会有疑问，快递不是快递公司在运输过程中毁损或者弄丢的吗，为什么买家不直接找快递公司赔偿自己的损失，而要去找卖家呢？其原因在于，快递公司并没有直接和买家签订合同，买家只是和卖家签订了一份口红的买卖合同，如果买家没有收到货物，当然可以依据合同找卖家承担责任。与快递公司直接签订运输合同的是卖家，如果卖家承担了补发或者赔偿的责任后，发现确实是因为快递公司导致之前的快递丢失，那么卖家可以依据运输合同向快递公司追偿。并且我们一般认为，如果真的有人发生了错拿，查明身份的责任也应该是快递公司或者出卖人的，而作为买家，一般只需要承担必要的配合责任就可以。

相关法条

《民法典》第五百一十二条

通过互联网等信息网络订立的电子合同的标的为交付商品并采用快递物流方式交付的，收货人的签收时间为交付时间。电子合同的标的为提供服务的，生成的电子凭证或者实物凭证中载明的时间为提供服务时间；前述凭证没有载明时间或者载明时间与实际提供服务时间不一致的，以实际提供服务的时间为准。

电子合同的标的物为采用在线传输方式交付的，合同标的物进入对方当事人指定的特定系统且能够检索识别的时间为交付时间。

电子合同当事人对交付商品或者提供服务的方式、时间另有约定的，按照其约定。

《民法典》第六百零四条

标的物毁损、灭失的风险，在标的物交付之前由出卖人承担，交付之后由买受人承担，但是法律另有规定或者当事人另有约定的除外。

18. 在列车上"霸座"会有什么后果

📚 经典案例

2018年8月21日上午，在山东开往北京的G334次高铁上，一名中年男子霸占了一位女学生的座位，不仅不把座位还给女学生，而且态度傲慢地躺在座位上声称："谁规定一定要按号入座？要么你自己站着，要么去坐我那个座位，要么自己去餐车坐。"无奈之下，女学生找到乘务员，乘务员劝告无效后找来了车长和乘警，但该男子依然无动于衷，直到列车到达终点都没有起身。

2018年9月19日，在永州到深圳北的G6078次列车上，一位女乘客上车后执意坐在靠窗的他人位置上。座位靠窗的乘客只好向乘警投诉，乘警无论怎么与其沟通，这名女乘客就是不肯回到自己的座位上。女乘客的理由是："谁规定10D是坐过道座位的啊，椅子上又没写。"女子提出，要在座位上写有10D才承认。

💡 案例解析

近些年来，"霸座"案件一直频繁出现在公众的视野里。"霸座男""霸座女"的做法引发了社会舆论的谴责。此次对《民法典》的编纂中，也对这一问题进行了回应。《民法典》的第八百一十五条明确规定，旅客应该按照客票记载的座位号乘坐。依据该法条的规定，不同的民事主体的基本权利得到了明确。对于被"霸座"的乘客来说，因为其已经购买了铁路公司的车票，铁路公司就有义务保障该乘客的正当权利，如果未能提供该座位，那么权利被侵害的乘客有权利主张铁路公司违约。而对于铁路公司来说，"霸座"的人没有按照客票的要求入座，属于违反约定的行为，铁路公司可以拒绝运输该"霸座"的乘客。

当然，针对"霸座"现象，最重要的还是要惩治"霸座"者，此时更加具有强制力的《中华人民共和国治安管理处罚法》就可以发挥作用，当警务人员已经尽到合理沟通的责任后，可以依据第二十三条第三款的规定对"霸座"者进行行政处罚并强制"霸座"者归还座位。并且，"霸座"者还可能面临一段时间无法乘坐高铁等运输工具的情形。

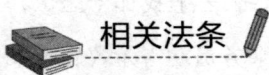

相关法条

《民法典》第八百一十五条

旅客应当按照有效客票记载的时间、班次和座位号乘坐。旅客无票乘坐、超程乘坐、越级乘坐或者持不符合减价条件的优惠客票乘坐的，应当补交票款，承运人可以按照规定加收票款；旅客不支付票款的，承运人可以拒绝运输。

《民法典》第八百一十九条

承运人应当严格履行安全运输义务，及时告知旅客安全运输应当注意的事项。旅客对承运人为安全运输所作的合理安排应当积极协助和配合。

19. 业主拖欠物业费，物业公司能停水停电吗

经典案例

吕某是某小区的一名住户，职业是一名网络游戏主播。该小区经过业主大会表决，决定在小区内安装一些路灯方便住户夜间出行，但吕某表示不同意，理由是自己不需要夜间出行。

年末，该小区通知小区住户缴纳物业费，吕某认为需要在标准费用中减去路灯的安装费和电费自己才会缴纳物业费。经过物业公司三次催收，吕某仍拒绝配合按照标准数额进行物业费的缴纳。无奈，该小区物业公司停止对吕某家供水、供电，迫使吕某缴纳了物业费。

案例解析

此次《民法典》的编纂过程中，在各种具体合同中间专门增加了物业服务合同这一节。其原因在于《民法典》作为社会生活的百科全书，必须关注百姓实实在在关心的问题。随着城市化的发展，越来越多的农村人口也都住上了楼房，业主和小区物业公司的关系问题，就是真正贴近老百姓生活的问题。

在上述案例中，吕某和物业公司的做法都存在一定的问题。依据《民法典》第九百四十四条第一款的规定，物业服务人已经按照约定提供服务的，业主不得以无需接受为理由拒绝支付物业费。在小区内安装路灯是业主大会的决定，代表了大多数业主的利益，吕某不能因为自己一个人不需要就拒缴物业费。而对于物业服务机构来说，依据本条第三款的规定，也不能采用断水、断

电的方式迫使住户缴纳物业费。水、电是一个人生活的基本条件，任何人都不能剥夺他人维持生存的基本权利。本案双方其实都可以采用诉讼的方式来维护自己的合法权益，当面对吕某的欠缴行为时，物业公司可以申请法院来执行吕某的物业费。

本案中，吕某是一名游戏主播，如果因为物业公司的断电行为导致他的工作受到影响，吕某也有权利诉请物业公司承担赔偿责任。

相关法条

《民法典》第九百四十四条

业主应当按照约定向物业服务人支付物业费。物业服务人已经按照约定和有关规定提供服务的，业主不得以未接受或者无需接受相关物业服务为由拒绝支付物业费。

业主违反约定逾期不支付物业费的，物业服务人可以催告其在合理期限内支付；合理期限届满仍不支付的，物业服务人可以提起诉讼或者申请仲裁。

物业服务人不得采取停止供电、供水、供热、供燃气等方式催交物业费。

20. 为保护自己的财产而修复邻居房屋，能够要求邻居支付修缮费用吗

经典案例

苗某和金某是多年的邻居。苗某常年在外打工，金某在家务农。某天，金某突然发现苗某家的房屋摇摇欲坠，随时有倒塌的危险。由于苗某家的房屋较高，如果发生倒塌，金某的房子也会被砸倒。金某多次试图联系苗某，但是都未能如愿。无奈，金某自费请来了村里的施工队，为苗某修缮加固了房屋。

年末，苗某回到家中，金某向苗某索要加固费。而苗某却认为自己并没有请金某帮自己加固房屋，是金某担心自己房屋被砸所以才请人加固的，因此他拒绝支付费用。

案例解析

根据《民法典》第九百七十九条的规定，构成无因管理的情况下，无因管理人可以请求受益人偿还因管理事务而支出的必要费用。如果管理人因管理事务而受到损失的，还可以请求受益人给予适当的补偿。所以分析本案的关键在于认定金某的行为是否构成法律规定的无因管理。

所谓无因管理，是指管理人在没有法定或者约定的义务的情况下，为了避免他人的利益受到损失而管理他人事务的行为。从定义中我们可以分析出无因管理构成的几个要件：第一，必须是管理他人的事务。如果是单纯管理自己分内的事情，不满足要求。第二，必须具有管理他人事务的意思。这也是上述案

例的关键所在。这里管理他人事务的意思，并不要求管理的全部为他人事务。既为他人也为自己的情形下，也构成这里所谓的"管理他人事务"。第三，管理人和受益人之间不能有法律或者约定的义务。如果当事人之间本身就存在合同上的委托管理关系，或者存在法律职务上的要求（比如警察抓小偷），都不能算作无因管理。第四，管理他人事务要客观上有利于他人，并且不能违反本人明示或者可以推知的意思。如果受益人明确对管理人表达过拒绝管理人管理本人事务的意思，那么管理人不能随意进行管理。

综合以上各项要件，我们再来分析本案。虽然金某客观上存在为自己利益考虑的意思，但是其中也绝对包含了对苗某利益的考量。法律不苛求每一个人都是热心肠，但是法律希望每一个人都能适当为他人考虑问题。所以，金某有权利要求苗某支付必要的加固费用。如果苗某执意拒绝，金某也可以通过诉讼的方式维护自己的权益。

相关法条

《民法典》第九百七十九条

管理人没有法定的或者约定的义务，为避免他人利益受损失而管理他人事务的，可以请求受益人偿还因管理事务而支出的必要费用；管理人因管理事务受到损失的，可以请求受益人给予适当补偿。

管理事务不符合受益人真实意思的，管理人不享有前款规定的权利；但是，受益人的真实意思违反法律或者违背公序良俗的除外。

人格权篇

以人为本，以人格尊严为中心

1. 在工作中遇到性骚扰怎么办

经典案例

何某是一个身材高大、长相帅气的男生。大学毕业后，他顺利进入一家大型企业工作。找到工作本是一件开心的事，但何某却有些苦恼，因为他的直属上司杨姐总是在夜深人静的时候通过微信给他发送一些黄色笑话、图片以及一些带有性暗示的言语。何某多次向杨姐表示自己不喜欢这种交流方式，但是杨姐仍经常给他发送类似的消息，并且经常制造机会和他独处，甚至有时手会有意无意放在他的腿上。何某向人事部门反映情况，希望能换一下岗位，但是却一直没有得到回应。

案例解析

我国第一次对性骚扰行为作出规定的法律是1992年颁布的《中华人民共和国妇女权益保障法》，该法的第四十条规定了禁止对妇女实施性骚扰。但是，该法保护的对象只针对妇女。随着时代的发展和平等思想的深化，《民法典》不再对性骚扰对象的性别作出限制。

《民法典》第一千零一十条规定，任何人不得在违背他人意愿的情况下，采用言语、文字、图像、肢体行为等方式对他人实施性骚扰行为。具体到本案中，杨姐采用微信聊天、肢体行为的方式，对何某所做的行为已经构成了性骚扰，何某有权要求杨姐停止性骚扰行为并要求杨姐承担相应的责任，这种责任包括但不限于赔礼道歉和金钱赔偿。另外，《民法典》第一千零一十条第二款还专门规定了机关、企业、学校等单位有预防、接受投诉和及时处理的义务。目前，发生在校园的性骚扰案件具有上升趋势，因此《民法典》这样明确化的规定有助于进一步提升学校的责任意识。在处理的具体手段方面，当接到投诉或观察到类似现象的时候，相关单位应该及时查明真相并保存证据，并且对受害人给予保护，采取各种措施杜绝类似事件的发生。本案中何某既然已经向人事部门提出调整岗位的申请，人事部门便不能置之不理，如果情况进一步恶化，该企业也应该受到相应的处罚。

第一千零一十条规定位于《民法典》人格权编的生命权、身体权、健康权章节，表明了性骚扰侵害的是每个人对自己身体的自由支配的权利以及每个人的身心健康。在现代社会中，人与人之间的财富和社会地位可能存在一定差距，但是任何财富和地位都不能凌驾于人格尊严之上。因此，不论是在校园还是在职场，只要遇到性骚扰的行为，就应该积极拿起法律武器维护自己的权益。

相关法条

《民法典》第一千零一十条

违背他人意愿，以言吾、文字、图像、肢体行为等方式对他人实施性骚扰的，受害人有权依法请求行为人承担民事责任。

机关、企业、学校等单位应当采取合理的预防、受理投诉、调查处置等措施，防止和制止利用职权、从属关系等实施性骚扰。

2. 娱乐场所能否因相貌原因拒绝消费者进入

经典案例

张某年幼时因失火烧伤，虽经抢救生还，但脸上留下满脸的疤痕，经过长期心理治疗，才走出阴霾，勇敢面对生活。2015年6月，张某入职北京三里屯某公司。某日，张某与同事前往公司附近的A酒吧时，在酒吧门口被酒吧保安拦住，拒绝张某进入，并告知张某："因为您相貌欠佳，进去后会吓到其他客人，所以请您回吧！"张某无奈，只得独自先行离去。自此以后，张某又一次变得消沉并陷入深深的自卑之中。

案例解析

在此次《民法典》的编纂过程中，创新性地设立了人格权编。在整个人格权的体系中，除了我们常见的各种具体的人格权，如生命权、身体权、健康权、姓名权、肖像权、名誉权、隐私权等，还增加了作为前提和基础性的人格权，我们把它称为一般人格权。一般人格权保护的并不特指自然人享有的某项权利，而是概括的一般人格利益。我们把这种人格利益概括为对人格平等、人格独立、人格自由、人格尊严的保护。

很多时候，面对一些人格权受到侵犯的案件，我们无法找到其所对应的侵害的具体人格权。因为任何列举都是有限的，要想实现对人格权的充分保护，我们需要归纳出对人格权进行保护的一般特征，也即对人格平等和人格尊严以及自由和独立等价值的保护。在上述案例中，我们很难说酒吧的行为侵害了张某的哪项具体人格权，但是，酒吧的行为确实构成了对张某人格的侮辱，所以，张某仍有权以一般人格权遭受侵害为由，要求酒吧承担精神损害赔偿的责任。

在理解一般人格权的时候，我们需要注意一点，一般人格权并不是所有具体人格权的简单相加。各种具体人格权是对一般人格权中具有典型性的人格权进行的专门规定。在具体人格权有规制的情况下，一般优先适用具体人格权的规范。因为法律为具体人格权制定了单独的规范，其规范也就会更加精准。只有当自然人人格权受到侵害并且查询不到具体人格权的规范时，我们才会用一般人格权进行分析。举例来说，在一次招聘过程中，张三和李四都是最终进入面试环节的候选人。但是张三的面试资格却被剥夺，其原因在于张三来自农村，而李四出生于大城市。很明显，此时张三的人格权遭受了侵害。但具体的人格权并没有相关的具体规范。因此，张三可以依据一般人格权中的人格平等遭受侵害要求企业承担相应的责任。

相关法条

《民法典》第一百零九条

自然人的人身自由、人格尊严受法律保护。

《民法典》第九百九十条

人格权是民事主体享有的生命权、身体权、健康权、姓名权、名称权、肖像权、名誉权、荣誉权、隐私权等权利。

除前款规定的人格权外，自然人享有基于人身自由、人格尊严产生的其他人格权益。

3. 侮辱英雄烈士需要承担怎样的法律责任

经典案例

2013年9月9日，时任《炎黄春秋》杂志社执行主编的洪振快在财经网发表的《小学课本〈狼牙山五壮士〉有多处不实》一文中主张，民间一直有人对官方宣传的"狼牙山五壮士"事迹表示怀疑。比如，有观点认为："5个人中有3个是当场被打死的，后来清理战场把尸体丢下悬崖。另两个当场被活捉，只是后来不知道什么原因又从日本人手上逃了出来。"

2013年第11期《炎黄春秋》杂志刊发洪振快撰写的《"狼牙山五壮士"的细节分歧》一文，亦发表于《炎黄春秋》杂志网站。该文分为"在何处跳崖""跳崖是怎么跳的""'五壮士'是否拔了群众的萝卜"等部分。文章通过援引不同来源、不同内容、不同时期的报刊资料等，对"狼牙山五壮士"事迹中的细节提出质疑。葛长生（"狼牙山五壮士"之一葛振林之子）以洪振快前述行为侵害"狼牙山五壮士"英雄的形象和名誉为由，诉请判令洪振快停止侵权、公开道歉、消除影响。

最终，法院一审判决被告洪振快立即停止侵害葛振林名誉、荣誉的行为；公开发布赔礼道歉公告，向原告葛长生赔礼道歉，消除影响。洪振快不服上诉，法院二审判决驳回上诉，维持原判。

（指导案例99号：葛长生诉洪振快名誉权、荣誉权纠纷案）

案例解析

在此次《民法典》的编纂过程中，对英雄的名誉权和荣誉权作出了特别的保护。其内容专门写在了总则编，这无疑体现了立法专家与学者对英雄烈士名誉荣誉保护的高度重视。除了《民法典》对英雄烈士进行保护之外，我国还制定了专门的《中华人民共和国英雄烈士保护法》。在当今社会，我们不允许任何无理由、无根据地对英雄烈士污蔑的行为。

在上述案例中，"狼牙山五壮士"的英雄烈士形象以及精神已经获得全民族的广泛认同，是中华民族共同记忆的一部分，是中华民族精神的内核，也是社会主义核心价值观的重要内容。尽管洪振快的文章并没有侮辱性的语言，但是，通过作者各种主观联想形成的文章，导致读者对《狼牙山五壮士》中的英雄形象产生怀疑，进而使人民对事实的真相产生怀疑。在没有确切证据的情况下，洪振快的行为方式已经符合贬损与丑化，损害他人名誉、荣誉的特征，因此，应当承担相应的责任。

除了对英雄烈士的保护，《民法典》在人格权编的第九百九十四条也规定了对一般死者的姓名、肖像、荣誉、隐私以及遗体进行保护。这是对民事主体人格权的延伸保护。这表明了人格权保护并不简单针对社会上的每个人，还保护每个逝者的人格尊严和社会评价。当有人肆意丑化、污蔑逝者的形象，其后人必将受到一定程度的影响，所以法律赋予逝者近亲属以民法上的请求权，可以请求（要求）丑化者、污蔑者承担相应的法律责任。

📚 **相关法条** ✏

《民法典》第一百八十五条

侵害英雄烈士等的姓名、肖像、名誉、荣誉，损害社会公共利益的，应当承担民事责任。

《民法典》第九百九十四条

死者的姓名、肖像、名誉、荣誉、隐私、遗体等受到侵害的，其配偶、子女、父母有权依法请求行为人承担民事责任；死者没有配偶、子女且父母已经死亡的，其他近亲属有权依法请求行为人承担民事责任。

4. 公开出轨一方所有信息是否构成侵犯隐私权

经典案例

马某和牛某结婚多年。因为发现丈夫马某出轨，妻子牛某选择了自杀。牛某的好朋友郝某听说此事后感到非常气愤，于是通过互联网将马某的出轨信息公布于众，并且组织网友对马某进行"人肉搜索"，将马某的家庭住址、工作单位以及个人履历全部发在了网络上。马某受到了互联网上网友的一致谩骂，甚至有网友到马某的工作单位和家里对其进行殴打。最终，马某选择了报警。

案例解析

《民法典》第一千零三十二条规定了自然人的隐私权受到法律的保护，任何组织和个人不得以刺探、侵扰、泄露、公开的方式侵害他人的隐私权。隐私权是一项非常具有现代意义的权利，这种权利在近一百多年来才出现。它出现的背景在于人与人之间的交往日益增多，社会的信息越来越复杂。所以最开始我们把隐私权定义为一种每个人都应该有的，免受外界干扰的独处的权利。随着现代科技文明和互联网的进步，人们越来越意识到隐私不被外界干扰是一个人独立且有尊严地活着的重要标志。因此，隐私权逐渐成为现代社会最基本的人权之一。

根据《民法典》第一千零三十二条第二款对隐私内容的界定，隐私主要包含四个方面，分别是私人生活安宁、私密空间、私密信息和私密活动。以下我们分别进行简要理解。私人生活安宁，既包括我们的日常生活与住宅的安宁，不被监听和骚扰，也包括我们通信的自由，不被电话和垃圾短信骚扰。私密空间，包含两层含义，一种是物理上的空间，如我们的住宅、行李箱、口袋以及日记本，另一种是网络上的虚拟空间，如电子信箱、私密QQ空间及微信群。私密信息，包括我们的生理信息，如身高、体重、基因血型，还包括我们的健康状况，如是否有遗传疾病、家庭信息及我们的人生履历。私密活动，指的是与公共利益无关的纯个人的活动，如我们的日常生活、工作内容、夫妻的两性生活及所谓的婚外情和婚外恋等。

一般情况下，我们认为合法信息都会受到法律的保护。事实上，公民的违法信息也受到隐私权的保护。在案例中，马某出轨的信息确实不能称之为合法的信息，但是它仍处于个人的私人信息的保护范围，擅自公开的举动仍构成对马某隐私权的侵害。因此，马某有权寻求法律的保护，有权要求郝某停止侵权行为。与之相类似的，卖淫嫖娼行为是典型的违法行为，并且应该承担相应的法律责任。但是除了有关部门以外，任何人都无权随意公开他人的嫖娼信息。

当今社会中每个人都活在他人的评价之中，没有完全不与他人来往的个体。任何人都有不愿意与他人分享的秘密，这些秘密是我们独立于社会而存在的基础，任何人都无权随意干涉，而每一个公民也都有权用法律的武器维护自己的隐私权。

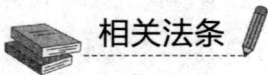

相关法条

《民法典》第一千零三十二条

自然人享有隐私权。任何组织或者个人不得以刺探、侵扰、泄露、公开等方式侵害他人的隐私权。

隐私是自然人的私人生活安宁和不愿为他人知晓的私密空间、私密活动、私密信息。

5. 冒名顶替他人上大学，需要承担什么责任

经典案例

王某和钱某是A市第三中学的同班同学。王某自幼家境贫寒，学习成绩优异；钱某家庭条件较好，学习成绩较差。王某和钱某于同年参加高考。王某考试成绩较高，被当地某师范大学录取；而钱某未能考上大学。师范大学如期向王某发出录取通知书。由A市第三中学转交给家住农村的王某。在此期间，钱某的父亲通过"拉关系、走后门"，安排钱某领取了王某的录取通知书，并让钱某改名王某到师范大学就读直至毕业。毕业后，钱某继续以王某的名义在当地某事业单位工作。

由于王某未能领到大学通知书，高中毕业后一直在家务农。某次王某进城办理银行卡时，发现自己的信息已经被注册。通过相关调查，王某知晓了事件的始终。于是，王某向当地人民法院提起诉讼，请求法院判令钱某、钱某的父亲、A市第三中学停止侵犯自己的姓名权并赔礼道歉，赔偿经济损失50万元，精神损失50万元。

案例解析

《民法典》第四编——人格权编的第三章规定了自然人姓名权的保护规范。姓名权是专属于自然人的一种权益，对于法人以及非法人组织来说享有的是名称权。自然人姓名权的内容包含姓名决定权（自然人有权决定自己叫什么名字）、姓名变更权（自然人有权变更自己的姓名）以及姓名使用权（自然人

有权运用自己的名字参加各项活动或者许可他人使用自己的名字）。

《民法典》第一千零一十四条规定了侵害公民姓名权的几种具体行为类型：第一种是干涉他人行使姓名权。姓名权人决定行使姓名变更权的行为不受他人的干涉，对于未成年人来说，即使父母离异，父母双方原则上也应该共同代为行使未成年人的姓名权，一方不能单独决定。规定于《民法典》婚姻家庭编的第一千零五十六条也是任何人不得干涉他人姓名权的体现，即配偶一方不得干涉另一方决定变更使用姓名，夫妻双方都有各自使用自己姓名的权利；第二种是盗用他人的姓名。任何人不得擅自使用他人的姓名以达到混淆视听的目的。比如，将某整容明星的名字用作美容医院的名称；第三种是假冒他人的姓名。任何人不得冒充他人的姓名与身份进行活动。比如，擅自在自己的作品上署某位大师的名字，或者冒用学者的名字和身份参加重要学术论坛。

在上述案例中，钱某冒用王某的名字，以王某的名义上大学并开展生活，已经构成了对王某姓名权的侵犯，属于假冒他人姓名的行为类型。由于钱某、钱某的父亲以及A市第三中学的行为，导致王某的人生彻底被改变。因此，他们应当赔礼道歉并赔偿由此导致的王某的各项经济损失与精神损失。

近些年"冒名顶替上大学"的案件引起了社会公众的极大关注，仅山东某地14所高校就查出200多起。我们一方面对被"偷换人生"的受害人给予同情，另一方面也应关注如何对冒名顶替者给予严惩。在我国的法律体系下，主要有三条路径。第一，民事法律。被顶替者的姓名权受到了侵犯，要对其给予赔偿并弥补精神损失。也有学者主张，冒名顶替案件侵犯的不仅仅是姓名权，更是侵犯了被顶替者宪法上的受教育权。虽然在民法的具体人格权中没有对受教育权的规定，但是仍可以依据《民法典》第一百零九条的一般人格权理论给予民事上的保护。第二，行政法律。对于违规操作者（如上述案例中钱某的父亲以及A市第三中学的管理者）以权谋私的行为要给予严厉的行政处分。

第三，刑事法律。在2021年3月1日开始施行的《中华人民共和国刑法修正案（十一）》中对于冒名顶替上大学入刑的问题有了明确的规定，"盗用、冒用他人身份，顶替他人取得的高等学历教育入学资格、公务员录用资格、就业安置待遇的，处三年以下有期徒刑、拘役或者管制，并处罚金。组织、指使他人实施前款行为的，依照前款的规定从重处罚。国家工作人员有前两款行为，又构成其他犯罪的，依照数罪并罚的规定处罚"。

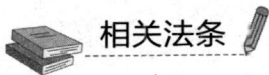

相关法条

《民法典》第一千零一十二条

自然人享有姓名权，有权依法决定、使用、变更或者许可他人使用自己的姓名，但是不得违背公序良俗。

《民法典》第一千零一十四条

任何组织或者个人不得以干涉、盗用、假冒等方式侵害他人的姓名权或者名称权。

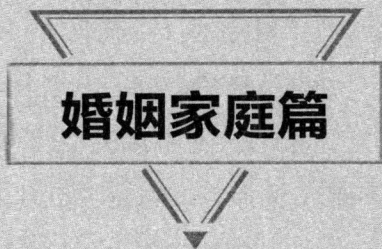

婚姻家庭篇

家庭和睦，促进社会和谐稳定

1. 婚姻的缔结是完全自由的吗

经典案例

李某与王某在外地打工时相识，后确立恋爱关系，并于2017年6月8日在民政局办理了结婚登记。婚后，二人发现双方为三代以内旁系血亲，王某的祖父是李某的曾祖父，王某竟是其妻的堂叔。发现这种关系后，李某大为吃惊，感觉有违法律与道德，于是整理了相关的材料，向当地人民法院申请确认婚姻关系无效。法院审理认为，李某与被告王某确系三代以内旁系血亲，两人登记结婚违反了《婚姻法》（当时有效）关于近亲属禁止结婚的法律禁止性规定，该婚姻应属无效，依法应予解除，对原告李某请求确认其与王某婚姻无效的请求予以支持。法院遂作出判决，宣告原告李某与被告王某的婚姻无效。

案例解析

《中华人民共和国宪法》（以下简称《宪法》）第四十九条第四款中规定，禁止破坏婚姻自由。婚姻自由是《宪法》所确立的一项公民基本权利，也是《民法典》对于婚姻制度的基本原则。任何自然人都有权在法律规定的范围内，自主决定结婚与不结婚，与谁结婚，不受他人的强迫与干涉。而婚姻自由，内在的包含结婚自由与离婚自由，都不受他人的干涉。

但是我们要注意的是，婚姻自由是在法律规定范围内的自由，并不是指完全不受任何拘束。缔结有效的婚姻仍需要符合以下五个要件：第一，必须是异性男女结为夫妻。目前我国仍然不承认同性婚姻制度。虽然在国际上，包括在《民法典》编纂过程中，很多专家学者也呼吁应该允许同性之间的婚姻制度，但是考虑到我国异性婚姻的传统和家庭的伦理观念，承认同性婚姻在立法上仍需要进一步的评估。因此，在此次《民法典》中暂未对同性婚姻问题作出规定。第二，结婚必须出于双方当事人的自愿，不能是出于他人的强迫或者压力。第三，夫妻双方必须达到法定的婚龄。当前我国法律规定男性结婚年龄不得早于二十二周岁，女性不得早于二十周岁。第四，不得重婚。一夫一妻制度是我国婚姻制度的基本原则，任何人不得违背。第五，夫妻双方不得是直系血亲或者三代以内的旁系血亲。近亲结婚可能导致所生育孩子随带存在先天的缺陷。我国法律秉持优生优育的原则，不允许近亲结婚。

我国《民法典》第一千零五十一条规定了婚姻的无效制度。婚姻无效制度主要规制的是对已经办理了结婚登记的男女，如果发现以下三种情形，婚姻是不被法律认可的。在我国法律制度中，婚姻无效一共有三种情形：一是存在重婚情形的，二是有禁止结婚的亲属关系的，三是未到法定结婚年龄的。在上述案例中，李某和王某的婚姻无效就是因为存在近亲属关系。并且在婚姻无效的三种情形之中，只有存在近亲属关系这种事由是无法进行后期补正的。对于重婚的，有配偶一方如果与原配已经解除婚姻关系，则后来的婚姻转化为有效。而未达到法定结婚年龄的如果达到了法定结婚年龄，其婚姻关系自动转化为有效。但由于近亲关系不存在转化的可能，因此自始至终无效，婚姻关系的当事人或者利害关系人都有权向人民法院提出宣告申请，由人民法院宣告婚姻无效。

相关法条

《民法典》第一千零四十六条

结婚应当男女双方完全自愿，禁止任何一方对另一方加以强迫，禁止任何组织或者个人加以干涉。

《民法典》第一千零五十一条

有下列情形之一的，婚姻无效：

（一）重婚；

（二）有禁止结婚的亲属关系；

（三）未到法定婚龄。

2. 什么是可撤销的婚姻

经典案例

小张和小王大学毕业后经人介绍相识。交往一段时间后，双方互相认为三观比较契合，于是开始了同居生活。2020年9月，小张怀孕。二人于同年10月份办理了结婚登记。在婚后的一次体检过程中，小张得知小王一直患有艾滋病。小张非常害怕，便终止了妊娠，并主张离婚。而小王则辩称自己的病情通过长时间的治疗已经基本治愈，不具有传染性，不同意离婚。小张最终诉至当地人民法院。

案例解析

在《民法典》的编纂过程中，对原来《婚姻法》规定的可撤销婚姻制度进行了新的修改。

《民法典》第一千零五十二条规定，当事人一方因胁迫而缔结婚姻的，受胁迫的一方可以向人民法院请求撤销婚姻。我国《民法典》规定，缔结婚姻必须建立在男女双方完全平等自愿的基础上，禁止任何一方对另一方施加压迫或者任何组织、个人加以干涉。胁迫婚姻虽然违背了当事人的真实意思自治，但是并不属于婚姻无效的情况，其理由在于婚姻关系毕竟涉及家庭内部的私人事务，国家权力不便主动过多干涉。如果被胁迫一方在建立婚姻关系后，因为儿女的抚养或者家庭关系的改善自愿与另一方继续共同生活，这时被胁迫一方可以选择不撤销婚姻，保持婚姻的有效状态，进而维护家庭的和谐和社会的稳定。

《民法典》第一千零五十三条规定，一方患有重大疾病的，应当在结婚登记前如实告知另一方，不如实告知的，另一方可以向人民法院请求撤销该婚姻。一方面，婚姻自由是建立在双方彼此信任和了解的基础上。因此，当一方有重大疾病而故意隐瞒的情况下，对于另一方当事人来说可能会影响其作出缔结婚姻意思表示的真实性。对于一些重大的疾病，如传染病、精神疾病，可能确实存在危害配偶及家庭成员身体健康的风险。另一方面，对于一些遗传类疾病，如果患病者未及时告知，可能会生育出患病的子女。即使一些疾病可以通过药物控制或者有治愈的可能，但是这些并不能成为欺骗与隐瞒的理由。

在上述案例中，小王患有重大疾病，并且在结婚登记前未如实告知配偶，已经构成可撤销婚姻的条件。小张可以在知道小王有重大疾病之日起一年内向人民法院提出依法撤销该婚姻。

婚姻被撤销之后，其法律效果与婚姻被宣告无效的法律效果相同。具体规定在《民法典》的第一千零五十四条，即婚姻自始没有法律的约束力，当事人之间也不再具有夫妻的权利和义务关系。如果当事人之间育有子女，则该子女应该定性为非婚生子女，但属于亲生子女。当事人同居期间所得的财产应该按照共同共有来处理〔《最高人民法院关于适用〈中华人民共和国民法典〉婚姻家庭编的解释（一）》第二十二条〕。

相关法条

《民法典》第一千零五十二条

因胁迫结婚的，受胁迫的一方可以向人民法院请求撤销婚姻。

请求撤销婚姻的，应当自胁迫行为终止之日起一年内提出。

被非法限制人身自由的当事人请求撤销婚姻的，应当自恢复人身自由之日起一年内提出。

《民法典》第一千零五十三条

一方患有重大疾病的，应当在结婚登记前如实告知另一方；不如实告知的，另一方可以向人民法院请求撤销婚姻。

请求撤销婚姻的，应当自知道或者应当知道撤销事由之日起一年内提出。

3. 结婚后一方财产是否 自动转化为夫妻双方共有

经典案例

2018年，马某和牛某登记结婚。马某为当地著名的富商，其名下有别墅6栋，奔驰轿车10辆。牛某为某重点大学在读本科生，名下无房无车。婚后，二人经常吵架，并且马某在外经商期间还多次与其他女大学生发生不正当关系。2020年，马某和牛某最终决定离婚。牛某主张，马某名下的住宅与车辆应该分给自己一半。而马某则称，自从和牛某结婚后自己没有任何新增财产，还是6栋别墅，奔驰轿车10辆，这都是自己的婚前财产，与牛某无关。

案例解析

根据《民法典》第一千零六十三条规定，为夫妻一方所有的财产，不因婚姻关系的延续而转化成夫妻共同财产，但是当事人另有约定的除外。即夫妻双方可以通过书面约定的方式把原本属于夫妻一方所有的财产转化为双方共有，但如果没有这种约定，那么夫妻一方婚前的个人财产并不会因为婚姻关系的延续而自动转化为夫妻共同所有。然而，很多人仍然认为婚姻会使个人所有的财产变为夫妻双方共有，这种错误观念源于2001年以前当时的民法规范所确立的规则。在以往的规则中，当结婚满八年时间之后，夫妻一方的个人财产就会自动转化为夫妻共同所有。依照现在的法律规定，夫妻一方的婚前个人财产不会自动转化为夫妻共有的。在本案中，马某虽然有巨额财产，但是这些财产都是其婚前的个人财产。因为双方婚后并没有签订财产性质变更的协议，所以牛某确实无权主张马某名下的住宅与车辆分给自己。但是，对于婚后马某的各种经营所得和财产收入，牛某有权进行等比例分割。

除了一方的婚前个人财产以外，《民法典》第一千零六十三条还规定了其他几种情况：第一，一方因受到人身损害而获得的赔偿或者补偿属于夫妻一方个人所有。其原因在于赔偿或者补偿金一般具有强烈的人身专属性，是对于人身或财产遭受到损失人员的专项弥补。第二，遗嘱或者遗赠合同中确定只归一方的财产。我国法律充分尊重立遗嘱人和遗赠人的真实意思，如果立遗嘱人和遗赠人明确在遗嘱中表明了属于某一方，就应该完整按照合同履行。第三，一方的专用生活用品。夫妻一方的洗漱用品等一般不会发生混用，所以法律认为不存在夫妻共有的可能。

2021年1月1日起施行的《最高人民法院关于适用〈中华人民共和国民法典〉婚姻家庭编的解释（一）》中所确立的几条关于夫妻共同财产制定的规则也值得我们特别注意。第二十七条规定，由一方婚前承租、婚后用共同财产购买的房屋，登记在一方名下的，应当认定为夫妻共同财产。第七十八条规定，夫妻一方婚前签订不动产买卖合同，以个人财产支付首付款并在银行办理了贷款的，婚后用夫妻共同财产还贷，不动产登记于首付款支付方名下的，离婚时该不动产由双方协议处理。

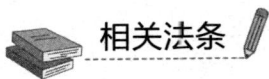

相关法条

《民法典》第一千零六十三条

下列财产为夫妻一方的个人财产：

（一）一方的婚前财产；

（二）一方因受到人身损害获得的赔偿或者补偿；

（三）遗嘱或者赠与合同中确定只归一方的财产；

（四）一方专用的生活用品；

（五）其他应当归一方的财产。

4. 夫妻间制订"忠诚协议"是否具有法律效力

经典案例

李某与刘某婚后购买住房一套，双方签订协议："刘某应忠诚于李某，如因其婚外情导致双方离婚，该住房归李某所有。"一年后，李某以刘某与第三者的微信聊天记录作为证据，向人民法院起诉刘某违反忠诚协议，并要求解除婚姻关系。本案主审法官认为，该协议系双方自愿签订，不违反法律禁止性规定，故合法有效。经调解，李某和刘某离婚，住房归李某所有。

案例解析

在上述案例中，夫妻双方签订了协议，约定了相应的权利和义务，因为是双方自愿签署并且不违反法律的禁止性规定，所以其不仅具有道德上的约束力，更有法律上的效力。法官认为该协议有效，一方面是根据法律的规定，另一方面是因为它符合道德的要求，在我国《民法典》第一千零四十三条中明确规定了夫妻双方应当互相忠实，互相尊重，互相关爱。在上述案例中，李某和刘某在婚姻存续期间签订这样的协议，一方面有利于夫妻双方约束自己的行为，另一方面也有利于发生矛盾之后财产的分割与纠纷的处理。所以这样的协议必然具有法律效力。

在现实生活中，夫妻双方签订忠诚协议的案例越来越多。在审判实践中，由最开始的"忠诚协议只是一种道德上的约束，而非法律上的义务"，逐渐转变为"忠诚协议是一种合同，具有法律上的效力"。这体现了我国法律实践中越来越尊重当事人之间的意思自治，尊重夫妻双方的真实意思表示。但是这并不代表在忠诚协议中对于任何问题都可以进行约定，也不代表在忠诚协议中的任何约定都是有效的。比如，在忠诚协议中约定出轨方放弃夫妻所有共同财产，或者出轨方承担巨额的赔偿金，这时候法院一般会基于公平原则，具体会先查看双方的经济状况，再决定是否完全按照忠诚协议来进行判决。另外，忠诚协议中如果约定出轨方直接丧失对子女的监护权，这时候法院一般不会根据忠诚协议来进行判决。因为子女的抚养问题要根据最利于子女健康成长的原则来进行判断，而不能仅仅依靠夫妻双方的约定。最后需要注意的是，忠诚协议不能限制和剥夺夫妻双方的人身权利，如出轨方要自断手指等，这么做违背了法律的公序良俗原则，不能发生效力。

相关法条

《民法典》第一千零四十三条

家庭应当树立优良家风，弘扬家庭美德，重视家庭文明建设。

夫妻应当互相忠实，互相尊重，互相关爱；家庭成员应当敬老爱幼，互相帮助，维护平等、和睦、文明的婚姻家庭关系。

5. 男女未婚同居期间的财产如何处理

经典案例

2001年，周某与龚某在外务工时相识并同居生活。同居期间，周某在服装专卖店上班，月薪800元；龚某与他人合伙做生意。2004年，龚某委托其弟在龚某老家房屋的基础上新建房屋二层，花费4万元，新建部分至今未办理房屋权属登记；2006年，龚某购北京现代汽车一辆，并登记在其名下，花费12万元。2009年10月，双方协议解除同居关系时，对新建房屋及购置的车辆是否属于共同财产发生争议并诉至法院。在案件审理中，龚某称房屋、车辆系自己出资修建、购置，同居期间双方的收入相互独立；周某未能出示证据证明房屋、车辆系双方共同出资修建、购置。

案例解析

同居关系是指因男女双方未办理结婚登记而持久、稳定地共同居住所形成的关系。一般情况下，同居关系可以分为两种：第一种是有配偶者与他人同居的情况，第二种是双方均无配偶而同居的情况。我国《民法典》第一千零四十二条规定，禁止有配偶者与他人同居。并且《民法典》第一千零七十九条规定，当婚姻关系中一方存在与他人同居的情况，人民法院调解无效的，应当准予离婚。若由于一方当事人与他人同居最终导致离婚，无过错方能够请求对方承担损害赔偿。我们认为，有配偶者与他人同居是不符合基本道德的，这种违法关系发生的纠纷，由法院来进行合理裁判。

第二种是双方均无配偶而同居的情况。这也是我们一般现实社会中通常理解的同居。它也分为两种具体情况，一种是因为婚姻无效或者被撤销时而形成的同居关系（比如，夫妻双方在2015年已经办理了婚姻登记手续，但是2019年突然发现夫妻双方存在近亲关系，导致婚姻关系无效的情况下，双方原本从2015年至2019年期间的婚姻关系就变成了一种同居关系），另外一种则是双方并未结婚，也不存在婚姻无效撤销的情形，仅仅是因为男女朋友关系而进行的同居。针对前者，我国《民法典》第一千零五十四条规定，在婚姻无效或者被撤销的时候，双方同居期间取得的财产由当事人协议处理，如协议不成，人民法院应该依据照顾无过错方的原则进行判决。并在司法解释中强调，当事人同居期间所得的财产，如没有确切证据为一方所有的，按照共同共有进行处理，即双方对财产不分份额地共同享有权利，共同承担义务，对共有财产的处分需要经过双方当事人的一致同意。针对后者，也就是单纯男女朋友关系，在没有结婚之前形成的同居关系，我们一般认为双方所有的财产还是按份共有，即一方取得的财产归其个人所有。在上述案例中，周某和龚某之间并未形成结婚的合意，也不存在双方之间婚姻无效或者撤销的情形，所以我们一般认为，双方当时仍是一种按份共有关系。因此，周某不能取得龚某的个人财产。

相关法条

《民法典》第一千零五十四条

无效的或者被撤销的婚姻自始没有法律约束力，当事人不具有夫妻的权利和义务。同居期间所得的财产，由当事人协议处理；协议不成的，由人民法院根据照顾无过错方的原则判决。对重婚导致的无效婚姻的财产处理，不得侵害合法婚姻当事人的财产权益。当事人所生的子女，适用本法关于父母子女的规定。婚姻无效或者被撤销的，无过错方有权请求损害赔偿。

《最高人民法院关于适用〈中华人民共和国民法典〉婚姻家庭编的解释（一）》第三条

当事人提起诉讼仅请求解除同居关系的，人民法院不予受理；已经受理的，裁定驳回起诉。

当事人因同居期间财产分割或者子女抚养纠纷提起诉讼的，人民法院应当受理。

《最高人民法院关于适用〈中华人民共和国民法典〉婚姻家庭编的解释（一）》第二十二条

被确认无效或者被撤销的婚姻，当事人同居期间所得的财产，除有证据证明为当事人一方所有的以外，按共同共有处理。

6."离婚冷静期"制度让青年人更加恐婚了吗

📚 **经典案例**

李某和郭某在大学期间相识相恋，毕业后，李某为了郭某，放弃了家乡的高薪工作，陪同郭某来到大城市打拼。两人于2015年1月5日登记结婚，于2015年底育有一女。

2018年8月底，李某因怀疑妻子郭某出轨，双方爆发了激烈的冲突后决定离婚。在办理离婚登记后没多久，李某查清事实，发现郭某并没有出轨，李某对离婚的行为感到后悔，并打算与郭某"破镜重圆"。可由于离婚协议已经生效，李某只能与郭某再次进行结婚登记。

💡 **案例解析**

上述案例发生在我国《民法典》正式实施之前。自2021年1月1日起，依据《民法典》第一千零七十七条的规定，自婚姻登记机关收到离婚登记之日起三十日内，如果夫妻双方中任何一方不愿意离婚的，可以向婚姻登记机关撤回离婚登记的申请。如果三十天期满后，双方都没有撤回离婚登记的申请，双方可以在期满后的三十日内到婚姻登记机关申请发给离婚证。而如果在期满后三十天内未申请的，则视为撤回离婚登记申请。

《民法典》第一千零七十七条的离婚冷静期制度一经颁布，就吸引了社会公众的目光。很多人认为设立离婚冷静期制度会损害人们的离婚自由，又因为婚姻自由原则中内在包含结婚自由和离婚自由两个方面，所以离婚冷静期制度是对《民法典》内部婚姻自由原则的违反。并且很多人还担心离婚冷静期制度会纵容家暴的行为，使得原本就处于婚姻关系中不利地位一方的当事人难以通过离婚来获得解脱。但是，离婚冷静期制度真的会带来如此不利的影响吗？

根据我国民政部门进行的统计调查，自2003年起，我国离婚率连续16年呈上升态势。尤其是闪婚又闪离等草率离婚的现象有持续增加的趋势，为减少头脑发热式的离婚，我国法律中尝试创设了离婚冷静期制度。所以设立这一制度的初衷在于减少冲动离婚现象的发生，维护社会的基本和谐与稳定。

需要注意的是，离婚冷静期制度仅适用于协议离婚而不适用于起诉离婚的情况。离婚冷静期制度只适用于双方自愿的协议离婚，对于有家暴情形的当事人，可以向法院提起诉讼。诉讼离婚并没有"冷静期"的规定。全国人大法工委曾专门作出回应："我们经研究认为，'离婚冷静期'制度只适用于协议离婚，对于有家庭暴力等情形的，实践中一般是向法院起诉离婚，而起诉离婚是不适用离婚冷静期制度的。"因此，如果当事人真的遭受了家暴，可以直接选择向法院提起离婚诉讼。同时，还可以向法院申请人身保护令，或者向公安机关报警来遏制家庭暴力行为对自己的伤害。所以，说离婚冷静期制度会成为家暴的庇护所是没有依据的。

最后，我们应该从全球视角来看一下中国的离婚制度。相较于西方国家的离婚制度，中国目前的离婚协议程序太过于宽松。俄罗斯和我国一样，也实行登记离婚与诉讼离婚的双轨制，1995年的《俄罗斯联邦家庭法典》在协议离婚部分也进行了限制，即只有夫妻双方没有共同的未成年子女时，才可以选择去户籍机关办理登记离婚，如果夫妻双方有未成年子女，不管是否达成离婚协议，都不适用这个程序，必须向法院起诉。还有德国、瑞士等国家的离婚制度实行单轨制，根本没有登记离婚的选择，只要是离婚，一律需要向法院起诉。因此，我国的离婚制度也应适当进行改革。

总之，家庭是构成社会关系的基本单位。离婚涉及的也不只是夫妻之间的关系，还涉及未成年子女的身心健康以及权益的保障、赡养父母、抚养子女义务的履行和财产分割等一系列问题。如果家庭关系不稳定，那么社会就会变得不稳定。所以在《民法典》中设立离婚冷静期制度在现阶段来看还是非常必要的。

相关法条

《民法典》第一千零七十七条

自婚姻登记机关收到离婚登记申请之日起三十日内，任何一方不愿意离婚的，可以向婚姻登记机关撤回离婚登记申请。

前款规定期限届满后三十日内，双方应当亲自到婚姻登记机关申请发给离婚证；未申请的，视为撤回离婚登记申请。

7. 夫妻离婚，
住房公积金能否作为共同财产进行分割

经典案例

胡某和陈某都是某事业单位的员工，双方于2015年登记结婚。在工作接触中，胡某对同部门的小美心生爱意，并且两人很快发生了不正当的关系。陈某得知此事后内心非常厌恶，于是向胡某提出了离婚，胡某表示同意。但在分割财产方面，二人发生了争执。胡某要求将陈某的住房公积金列入夫妻共同财产进行分割，但陈某不同意，双方最终闹上法院。

案例解析

在婚姻家庭法律关系中，最受人关注的莫过于夫妻离婚时的财产分割问题。哪些属于夫妻的共同财产，哪些属于夫妻一方个人所有的财产，这些是在法律修改中我们需要重点关注的。原则上，在夫妻关系存续过程中，大多数财产都属于夫妻共同财产，由夫妻双方共同共有。常见的情况在《民法典》的第一千零六十二条进行了列举，比如，婚姻存续期间双方的工资、奖金、劳务报酬，生产经营所得以及知识产权产生的收益，还有继承或受赠的财产（明确在遗嘱或赠与合同中确定只属于一方的情况除外）。

但是《民法典》第一千零六十二条并不是穷尽式的列举，其第一款的第五项规定为"其他应当归共同所有的财产"，这就为司法解释的进一步规定留下了空间。在2021年实施的《最高人民法院关于适用〈中华人民共和国民法典〉婚姻家庭编的解释（一）》中，明确了男女双方实际取得或者应当取得的住房公积金属于夫妻双方共同所有的财产。所以在上述案例中，胡某要求将陈某的住房公积金列入夫妻共同财产进行分割是合法的。当然，胡某和陈某因为离婚的财产分割发生争议，在法院的判决过程中，依据《民法典》第一千零八十七条，会考虑到胡某作为导致离婚的有过错方，适当少分财产。

但是在夫妻财产关系中，有一种情况值得我们特别注意。法律规定，一方以个人财产投资取得的收益属于夫妻双方共有。但是，如果夫妻一方个人财产所产生的孳息和自然增值仍为一方个人财产。举例来说，甲在结婚之前拥有A房屋，A房屋价值1000万元。在结婚后，甲将A房屋出租三年，获得租金50万元。由于A房屋位于市中心，该房屋三年后增值到1500万元。后来甲又将该房屋用于投资经营建厂，获利60万元。在甲的几项收入中，50万元租金收入（我们在法律上称之为孳息），房屋的500万元自然增值，都属于甲个人所有。而投资获利的60万元则属于一方个人财产投资所取得的收益，属于夫妻共有。

相关法条

《最高人民法院关于适用〈中华人民共和国民法典〉婚姻家庭编的解释（一）》第二十五条

婚姻关系存续期间，下列财产属于民法典第一千零六十二条规定的"其他应当归共同所有的财产"：

（一）一方以个人财产投资取得的收益；

（二）男女双方实际取得或者应当取得的住房补贴、住房公积金；

（三）男女双方实际取得或者应当取得的基本养老金、破产安置补偿费。

8. 夫妻一方私自转让房屋是否具有法律效力

经典案例

朱某和牛某于2015年登记结婚，婚后双方购置某地市的某小区3号楼601室住房一套，该房屋登记在双方名下。由于朱某任职于某大型跨国公司，所以经常被派遣到非洲做项目调研。2017年，牛某因为急需一笔投资款，在未告知在非洲调研的朱某的情况下，将二人居住的房屋出售给了马某。签订房屋买卖合同时，牛某告诉马某自己的丈夫朱某因外出工作无法返回签字，同意由其代签。签订合同后，马某按照合同约定付清了购房款，搬进该房屋正常居住，但因朱某未回国一直无法办理过户。2017年末，朱某回国得知此事后，坚决不同意出售房屋，也不配合马某办理过户手续。无奈之下，马某只得起诉了朱某和牛某。本案主审法官认为，马某不能取得房屋的所有权，但牛某需要依据买卖合同赔偿马某的损失。

案例解析

《民法典》第一千零六十条规定了夫妻双方的家事代理权，其含义是夫妻双方任何一方因家庭日常生活需要而实施的民事法律行为对双方都发生效力。比如，一方为了孩子上培训班交的学费，夫妻一方购买的跑步机等健身娱乐设施，这类行为的后果都应该由夫妻双方共同承担，因为这些都是家庭日常生活的需要。

夫妻共同生活中一些行为明显不属于家庭日常生活的需要，其中比较典型的就是重大财产的处分行为。比如，夫妻一方决定处分不动产，或者夫妻一方存在明显过分的大额开支、用途不明的大额借款或者与风俗习惯明显不符的大额无偿捐赠行为，我们很难定义这些行为是为了家庭日常生活的需要。所以夫妻一方如果因为以上原因处分夫妻共同财产，或者创设夫妻共同债务，在没有另一方当事人明确同意或者授权的情况下，应该属于一种无权处分或者无权代理行为。

在上述案例中，牛某处分了其与丈夫共同所有的房屋。因为没有取得丈夫朱某事前的有效授权，所以牛某的行为已经构成无权处分，即牛某无权处分登记于夫妻双方共同所有的房屋。由于该房屋登记在夫妻双方的名下，必须由夫妻双方一致到场才能为买房者马某办理房屋的变更登记手续。因为丈夫朱某的不配合，所以马某最终无法取得房屋的所有权。

那么，马某的权利应该如何在法律上进行救济呢？根据《民法典》第五百九十七条，我们认为牛某出卖双方共有的房屋的行为是有法律效力的，这种法律效力指的是合同上的法律效力。也就是说，牛某和马某之间签订的房屋买卖合同是合法有效的。但是，因为房屋的买卖除了要签订买卖合同，还需要去有关机关办理房屋的过户登记手续。马某的最终目标是取得房屋的所有权，即办理完过户登记手续。当马某无法最终取得房屋所有权时，仍有权依据之前有效的合同来请求牛某承担违约责任。一般来说，我们在签订买卖合同时，都会在合同条款中约定违约金条款。当马某不能最终取得房屋所有权时，可以要求牛某支付合同约定的违约金。并且在实际情况中，就算合同中没有约定违约金条款，牛某也需要承担不诚信（牛某欺骗马某自己的丈夫同意由其代签合同）而导致的法律后果。

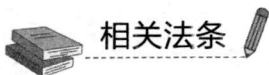

相关法条

《民法典》第三百一十一条

无处分权人将不动产或者动产转让给受让人的，所有权人有权追回；除法律另有规定外，符合下列情形的，受让人取得该不动产或者动产的所有权：

（一）受让人受让该不动产或者动产时是善意；

（二）以合理的价格转让；

（三）转让的不动产或者动产依照法律规定应当登记的已经登记，不需要登记的已经交付给受让人。

受让人依据前款规定取得不动产或者动产的所有权的，原所有权人有权向无处分权人请求损害赔偿。

当事人善意取得其他物权的，参照适用前两款规定。

《民法典》第五百九十七条

因出卖人未取得处分权致使标的物所有权不能转移的，买受人可以解除合同并请求出卖人承担违约责任。法律、行政法规禁止或者限制转让的标的物，依照其规定。

《民法典》第一千零六十条

夫妻一方因家庭日常生活需要而实施的民事法律行为，对夫妻双方发生效力，但是夫妻一方与相对人另有约定的除外。

夫妻之间对一方可以实施的民事法律行为范围的限制，不得对抗善意相对人。

9. 夫妻离婚，男方能否请求返还彩礼

经典案例

　　小黑和小白是大学同班同学，二人在校期间正式确立了恋爱关系。毕业一年后，二人决定结婚。2018年5月，二人正式在当地民政部门办理了结婚登记，6月举行了婚礼，按照当地习俗，小黑给了小白15万元作为彩礼。结婚一个月后，小白怀孕。但是由于双方家庭之间发生激烈的矛盾，双方决定离婚，并终止妊娠。小黑认为小白应该退还彩礼，理由是双方刚刚结婚一个月。而小白认为小黑已经把钱给了自己，没有退还的道理。2018年8月，小黑到法院起诉，要求与小白解除婚姻关系，并要求小白返还彩礼15万元。

案例解析

　　夫妻结婚送彩礼是我国社会延续数千年的婚嫁习俗，它寓意着家庭对新人的祝福。但是近些年来，一些地区频繁出现"天价彩礼"的现象，使彩礼的习俗逐渐变味。甚至由于"天价彩礼"的存在，使得一些家庭背上了巨额债务。因此，《民法典》的第一千零四十二条确定了禁止借婚姻索取财物的规则。这样的规定并不是说对方结婚不能再收受彩礼，而是强调要对极端的"天价彩礼"行为说"不"。婚姻关系是男女双方爱情的产物，决不能成为一方获取利益的工具。

　　只要存在财产关系，就有产生纠纷的可能。并且在现实社会生活中，因为彩礼产生的纠纷并不少。在2021年开始实施的《最高人民法院关于适用〈中华

人民共和国民法典·婚姻家庭编的解释（一）》中，对于彩礼的返还问题作出了具体规定。该规定一共明确了三种情形下当事人可以要求返还已经交付的彩礼：第一种是双方根本没有办理结婚登记手续，也就是在法律上没有形成所谓的婚姻关系，自然可以支持其退还彩礼的要求；第二种是夫妻双方办理了结婚登记手续，但是有确凿的证据证明双方没有共同生活；第三种情况是，由于彩礼的给付，致使给付彩礼的一方生活极度困难的。在第二种和第三种情形下，由于双方已经办理了结婚登记手续，如果想要退还彩礼，就一定要以离婚为前提条件。在上述案例中，小白和小黑的婚姻关系已经破裂，请求离婚可以得到法院的支持。但是小黑和小白已经办理了结婚登记手续，并且结婚后小白怀孕的事实情况也表明双方在一起共同生活。小黑并未因为给付彩礼而导致生活困难。因此，法院并不能支持小黑主张返还15万元彩礼的请求。

婚姻蕴含着夫妻双方对美好生活的期待，给付彩礼只是对美好期待的一种表现形式。生活的贫困是暂时的，夫妻双方可以通过共同的努力为生活搭建起物质基础，但切勿使物质成为婚姻生活的试金石。

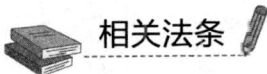

相关法条

《民法典》第一千零四十二条

禁止包办、买卖婚姻和其他干涉婚姻自由的行为。禁止借婚姻索取财物。

禁止重婚。禁止有配偶者与他人同居。

禁止家庭暴力。禁止家庭成员间的虐待和遗弃。

《最高人民法院关于适用〈中华人民共和国民法典〉婚姻家庭编的解释（一）》第五条

当事人请求返还按照习俗给付的彩礼的，如果查明属于以下情形，人民法院应当予以支持：

（一）双方未办理结婚登记手续；

（二）双方办理结婚登记手续但确未共同生活；

（三）婚前给付并导致给付人生活困难。

适用前款第二项、第三项的规定，应当以双方离婚为条件。

10. 因一方出轨而提出离婚，
可以同时主张精神损害赔偿吗

经典案例

　　孟某与刘某于2010年登记结婚，婚后孟某在某高校任教，刘某为了照顾孟某年迈的父母辞去工作后做了全职太太。2012年，孟某与刘某育有一子小孟。2018年2月，刘某翻看孟某手机聊天记录发现，孟某与其学生长期保持不正当男女关系，并且已经同居数月。刘某得知此消息后非常悲伤，甚至产生了抑郁情绪。2019年2月，刘某向当地人民法院提起诉讼，请求法院判决其与孟某解除婚姻关系，儿子小孟由自己抚养，并要求孟某赔偿精神损失费15万元。

案例解析

　　《民法典》第一千零九十一条列举了在五种情况下导致夫妻双方离婚的，无过错的一方有权要求有过错方承担损害赔偿责任。结合《最高人民法院关于适用〈中华人民共和国民法典〉婚姻家庭编的解释（一）》的第八十六条，《民法典》第一千零九十一条规定的损害赔偿既包括物质损害赔偿，也包括精神损害赔偿。这里的物质损害赔偿主要指的是如果夫妻一方擅自处分了夫妻共同共有的财产，造成另一方的损失，在离婚时另一方有权要求对方承担损害赔偿责任。而精神损害赔偿则是针对由于一方的过错行为给无过错方带来的精神痛苦与折磨所进行的赔偿。

　　在上述案例中，孟某在与刘某的婚姻关系存续期间，与其他异性保持不正当同居关系，已经构成了《民法典》第一千零九十一条规定的五种情况之一。因此，刘某有权主张与孟某离婚时获得一定的精神损害赔偿。

针对离婚损害赔偿，还有一些问题需要我们特别注意。首先，请求离婚损害赔偿必须以双方离婚为前提，离婚既包括双方协议离婚，也包括诉讼离婚的方式。如果双方未离婚，当事人在婚姻存续期间仅提出离婚损害赔偿请求的，人民法院不予受理此类案件。其次，如果夫妻双方都具有《民法典》第一千零九十一条规定的过错行为，那么双方均不享有离婚损害赔偿的请求权。最后，提出离婚损害赔偿请求要受到一定期限的限制，其具体规则规定在《最高人民法院关于适用〈中华人民共和国民法典〉婚姻家庭编的解释（一）》的第八十八条和第八十九条。比如，如果是无过错方作为离婚诉讼的原告，请求损害赔偿必须在提起离婚诉讼的同时提出。

相关法条

《民法典》第一千零九十一条

有下列情形之一，导致离婚的，无过错方有权请求损害赔偿：

（一）重婚；

（二）与他人同居；

（三）实施家庭暴力；

（四）虐待、遗弃家庭成员；

（五）有其他重大过错。

《最高人民法院关于适用〈中华人民共和国民法典〉婚姻家庭编的解释（一）》第八十六条

《民法典》第一千零九十一条规定的"损害赔偿"，包括物质损害赔偿和精神损害赔偿。涉及精神损害赔偿的，适用《最高人民法院关于确定民事侵权精神损害赔偿责任若干问题的解释》的有关规定。

《最高人民法院关于适用〈中华人民共和国民法典〉婚姻家庭编的解释（一）》第八十九条

当事人在婚姻登记机关办理离婚登记手续后，以《民法典》第一千零九十一条规定为由向人民法院提出损害赔偿请求的，人民法院应当受理。但当事人在协议离婚时已经明确表示放弃该项请求的，人民法院不予支持。

11. 一方出轨，离婚时是否必须"净身出户"

经典案例

马某和王某于2012年6月在某地民政部门办理了结婚登记。2015年6月，马某产下一子小王。在两人婚姻关系存续期间，马某多次出轨，同时分别与多位男性保持同居关系。2019年，王某提出离婚。经鉴定，小王并非王某的亲生孩子。王某得知后大为震怒，认为马某无权分得其名下的任何财产，要求马某"净身出户"。但马某认为自己仍有权利分得王某名下的财产。双方协商不成，诉至当地人民法院。

案例解析

在婚姻关系中，有时候确实会出现过错全在其中一方最终导致离婚的情况。对于这种情况，普通人的想法会是谁有过错谁无权分得共有财产。但是根据我国《民法典》现有的规定，并没有规定有过错一方无权分得财产。即使一方做出了违背基本道德的事情，也有分得夫妻共同财产的基本权利。《民法典》只在第一千零九十二条规定了某一方可以少分或者不分的情况，就是在夫妻一方隐藏、转移、变卖、毁损、挥霍夫妻共同财产，或者伪造夫妻共同债务企图侵占另一方财产的情况下，才存在直接依据法条判决一方不分财产的可能。这是唯一一处表明在夫妻分割财产时，某一方可以少分或者不分的情况。在其他情况下，夫妻双方都有权利分割共同财产并获得一定的份额。所以在上述案例中，虽然马某做出了违背基本道德的事情，但是马某仍有权分得王某名下的夫妻共同财产。法院在判决时会酌情考虑马某的过错，适当减少其应分得的财产份额。

对于这样的规定，很多人可能不理解：这不等于变相鼓励夫妻一方不履行忠诚义务吗？但事实并非如此。如果夫妻一方存在过错，法院可以根据财产的具体情况作出适当少分的判决。并且这种规定的深层次原因在于，夫妻关系并不是普通的合同关系，而是一种相互帮扶，共同组成家庭应对外来风险的社会关系。结婚是一件值得我们慎重思考的事情，因为婚姻关系一旦缔结就意味着我们做任何事情都应该站在双方角度进行考虑，其蕴含的是夫妻双方对另一半的信任与责任感。我们始终认为形成夫妻关系是源于彼此之间的爱。既然是源于爱，那么夫妻双方在任何时候都有互相帮扶的义务，这是我国法律努力创造和维护美好和谐价值观的体现。

既然法律不支持夫妻双方离婚时一方净身出户，那么有没有可能通过一些夫妻之间的约定，最终达到有过错一方净身出户的目的呢？第一种思路是夫妻之间签订"忠诚协议"，在忠诚协议中约定，如一方出轨，财产就全部归另一方所有。目前来看，法院倾向于忠诚协议有效，但是针对忠诚协议规定的有关净身出户的条款也不一定完全支持（如果只是约定，如果一方出轨需要向另一方支付损害赔偿金，我们原则上认为是有效的）。第二种思路是有过错一方可以在离婚时主动放弃对共同财产的分割，但是这种主动放弃在拿到离婚证之前都存在反悔的机会，具有一定的不确定性。第三种思路是在婚姻关系存续期间内，双方可以对夫妻财产的归属进行重新约定。比如，双方确定一个赠与合同，约定将一方财产全部赠与对方。并且及时对赠与合同进行公证，对涉及的财产办理过户手续等，这样离婚时无过错方就可以依据已公证的赠与合同主张权利。就以上三种思路来看，第三种是最为稳妥的方式。

相关法条

《民法典》第一千零八十七条

离婚时，夫妻的共同财产由双方协议处理；协议不成的，由人民法院根据财产的具体情况，按照照顾子女、女方和无过错方权益的原则判决。对夫或者妻在家庭土地承包经营中享有的权益等，应当依法予以保护。

《民法典》第一千零九十二条

夫妻一方隐藏、转移、变卖、毁损、挥霍夫妻共同财产，或者伪造夫妻共同债务企图侵占另一方财产的，在离婚分割夫妻共同财产时，对该方可以少分或者不分。离婚后，另一方发现有上述行为的，可以向人民法院提起诉讼，请求再次分割夫妻共同财产。

12.“假离婚”会带来哪些法律后果

经典案例

2015年5月，马先生贷款购买了一套房屋，并将该房屋登记在自己名下。2016年6月，马先生与牛女士登记结婚。2017年，为应对高房价的问题，当地出台了房屋限购政策。由于已拥有了一套房产，马先生在购买第二套房时就得多花十几万的钱用以支付税费和首付款。为此，夫妻二人约定先离婚，将现有的房产转移到牛女士名下，由名下无房的马先生贷款购买第二套房，之后二人再复婚。然而，当房子过户到牛女士名下后，牛女士拒绝复婚，也拒绝承认双方是为了买房子而办的“假离婚”，提出双方是因为感情破裂而协议离婚，房屋是马先生因为愧疚而自愿分割给自己的财产，马先生无权要求返还。无奈之下，马先生到法院起诉，要求撤销与妻子“假离婚”时签署的财产分割协议。但由于马先生无法提供证据证明双方是“假离婚”，因此他的诉求没有得到法院的支持。

案例解析

在社会生活中，对于“假离婚”的定义是指夫妻一方或者双方根本没有离婚的真实意思，而因双方通谋或受对方欺诈而作出的解除夫妻关系的民事法律行为。导致“假离婚”的原因有很多，典型的如为了规避房屋限购政策，逃避债务或者为了分得更多的拆迁房款等。

《民法典》第一千零四十一条规定了我国坚持婚姻自由原则。婚姻自由，内在包含结婚自由和离婚自由。根据《民法典》第一千零七十八条，只要婚姻登记机关查明双方是自愿离婚并且已经对子女抚养、财产分割等事项协商一致，就应办理离婚登记手续并颁发离婚证。此时夫妻之间的婚姻关系彻底终止。在法律上并不存在"假离婚"这样的概念，因为不管是"真离婚"还是"假离婚"，产生的法律后果是完全相同的。在上述马先生和牛女士的"假离婚"案例中，马先生和牛女士已经离婚，不会因为双方约定"假离婚"而导致婚姻关系恢复。至于房屋，马先生已经在离婚时把自己的房屋过户到了牛女士的名下，这种行为我们在法律上视为一种赠与或者是对离婚财产进行的自愿分割。除非马先生能够证明其房屋的过户并不是出于本人真实的意思表示，而是因为牛女士采取了欺诈、胁迫等非法手段产生的结果，否则该房屋确实已经成为牛女士的个人财产。即使最终马先生和牛女士重新结婚，该房屋也是只属于牛女士的个人财产。

另外，关于"假离婚"问题中值得延伸思考的是，"假离婚"可能导致其他法律责任的承担。一些不法分子采用伪造、变造离婚证或者帮人代办假离婚手续的方式谋取不正当利益，这是一种严重的违法行为，涉嫌构成伪造、变造、买卖国家机关公文、证件、印章罪，最高可判处十年有期徒刑。如果假离婚是为了躲避高额的房产税，那么有可能涉嫌违反相关的税收法律。如果经查明属实，那么会受到相应的行政处罚。在现实生活中，当购房者与出售方已经签订了房屋买卖合同，如果在合同签订后被发现是假离婚证而导致银行拒绝发放贷款的，购房者可能会因为无力负担后续的房贷而需要向出售方承担较为严重的违约责任。

相关法条

《民法典》第一千零七十八条

婚姻登记机关查明双方确实是自愿离婚，并已经对子女抚养、财产以及债务处理等事项协商一致的，予以登记，发给离婚证。

《民法典》第一千零八十条

完成离婚登记，或者离婚判决书、调解书生效，即解除婚姻关系。

13. 离婚后生活确有困难的，
可以向另一方请求帮助吗

经典案例

严某与华某结婚后，生有一女儿严小花。华某于2017年被诊断出患有急性早幼粒细胞性白血病、系统性红斑狼疮，治疗期间造成家庭经济困难，双方产生纠纷使感情破裂，后严某与华某开始分居，女儿严小花随华某生活。在分居两年后华某请求离婚，并要求严某支付严小花的抚养费，以及离婚后生活困难所需的经济帮助。严某同意离婚，但是拒绝经济帮助，认为离婚后自己并无帮扶义务。经查明，华某的生活水平低于生活城市的最低标准，而严某名下有住房一套。

案例解析

夫妻离婚经济帮助制度、离婚家务劳动补偿制度和离婚损害赔偿制度并称为我国三大离婚救济制度。其中，离婚经济帮助制度确立时间最早，1950年的《婚姻法》已有明确规定。离婚家务劳动补偿和离婚损害赔偿制度则是2001年《婚姻法》修改后的新增制度，《民法典》对三种制度进行了继续沿用并共同构建起完整的离婚救济制度体系。

离婚家务劳动补偿制度的规定见《民法典》的第一千零八十八条，主要针对的是夫妻一方因为抚育子女或照料老人等负担较多家庭义务的，在离婚时有权向另一方请求补偿的情况。离婚损害赔偿请求权的规定见《民法典》的第一千零九十一条，是指因为一方过错导致离婚的，无过错方有权向过错方请求损害赔偿的制度。而这里我们要补充了解的是离婚经济帮助制度，这条规定见《民法典》的第一千零九十条，其含义是在夫妻双方离婚时，如果一方存在生活困难的情况，那么有负担能力的另一方应该给予适当的帮助。根据全国人大法工委对该制度的解释，这种离婚经济帮助是夫妻相互扶养义务在离婚后的继续与延展。

具体而言，法条中所谓的"一方生活困难"可以包含以下几种具体情况。比如，一方当事人依靠个人财产和离婚时分得的财产无法维持当地基本的生活水平，一方当事人离婚后没有稳定的去处或者当事人缺乏生活自理能力等情况。在以上几种情形下，如果另一方有负担能力，比如，有可供居住的房屋或者有一定的财产，可以采取以下几种手段实现经济帮助，如通过将房屋的所有权转移给对方或者在房屋上为对方设立居住权，给付对方一定的金钱或财物或照顾对方的日常生活等。

在上述案例中，华某身患重病带着孩子生活，并且生活水平已经低于生活城市的最低标准。而严某名下有住房，即具有负担能力，所以华某有权向严某请求离婚后生活困难所需的经济帮助。严某可以采取为华某在其房屋上设立居住权的方式来帮助华某。

最后需要注意的一点是，离婚经济帮助是对离婚时生活困难的一方给予的基本生存权益的救济，而不能被当作是无限期的生存手段，否则将会违反民法的公平原则。所以在具体针对不同案件时，法院会根据个案情况对经济帮助的期间和条件施加一定的限制，当期间或者条件达成时，提供帮助的一方将不再承担帮助的义务。常见的附加条件，比如，受帮助一方找到新的配偶，或者找到稳定的工作等。

相关法条

《民法典》第一千零九十条

离婚时，如果一方生活困难，有负担能力的另一方应当给予适当帮助。具体办法由双方协议；协议不成的，由人民法院判决。

14. 什么是约定财产制

经典案例

2008年5月，刘某和章某结婚。刘某是某知名跨国公司的副董事长，章某是某大学的在校学生。由于担心章某贪图自己的钱财，在结婚时双方书面约定婚前、婚后各自的财产和收入归个人所有，一方对外所欠债务由其本人承担。2012年5月，刘某用自己的收入购买一栋别墅。2018年，章某为了自主创业，向朋友马某借款5万元。马某借给章某钱款时知道刘某和章某之间约定双方财产分别所有的协议。

一年后，章某创业失败，马某向章某夫妻二人催收借款，但刘某拒绝为章某还债。2019年，马某诉至当地人民法院，要求刘某、章某偿还借款及利息。

案例解析

《民法典》的第一千零六十五条规定了夫妻约定财产制，即男女双方可以约定婚姻关系存续期间所得的财产以及婚前的财产为各自所有、共同所有，或者一部分各自所有、一部分共同所有。

约定财产制与法定财产制是相对应的一个概念。所谓法定财产制，是指在一般情况下由法律明文规定的夫妻财产形式。比如《民法典》第一千零六十二条规定的内容就属于法定夫妻共有财产，而《民法典》第一千零六十三条规定的是法定的夫妻个人财产。

在我国《民法典》的制度构建中，约定财产制是优先于法定财产制的。如果夫妻双方有关于婚前、婚后财产的约定，那么就不能适用法定财产制的各种规定。

随着社会的进步与发展，越来越多的人开始采取约定财产制来防范婚姻关系中可能产生的风险。比如，为了避免在夫妻离婚后因为法定夫妻共同债务制度而背上巨大的财产负担，双方可以约定财产分别所有以及债务分别承担。概括而言，有效的夫妻财产协议需要满足以下五个要件。第一，签订约定财产协议时，双方都是完全民事行为能力人。第二，约定财产制的双方意思表示必须真实且自由，不能存在一方强迫另一方约定财产分别所有的情况。第三，双方达成的协议应该采取书面的形式。第四，该协议不能违反法律规定和民法的公序良俗的原则。比如，一方生活极度贫困，夫妻双方还采取约定财产制就有可能导致一方受到另一方的压迫。第五，双方的婚姻关系必须真实有效。只有满足了以上五个条件，双方签订的约定财产协议才合法有效。

约定财产制可以达到的法律效果主要分为对内和对外两个方面。所谓对内效果是指对夫妻双方的限制和约束。比如，夫妻约定一方一次性不得消费5万元以上，如果一方违反了该约定，则不对另一方发生效力。所谓对外效力，是指在第三人与夫妻一方进行交易时，如果知道夫妻约定财产分别所有协议的存在，那么该协议就可以对抗第三人。在上述案例中，因为马某知道章某和刘某之间的约定财产协议的存在，所以马某无权向刘某索要财产。而如果马某完全不知道双方之间实施了约定财产分别所有的协议，那么马某就可以要求夫妻双方共同承担借款5万元。值得提醒的是，如果马某最终要求刘某承担5万元的债务，刘某仍可以依据夫妻双方的约定财产协议，要求章某偿还5万元。

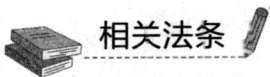

相关法条

《民法典》第一千零六十五条

男女双方可以约定婚姻关系存续期间所得的财产以及婚前财产归各自所有、共同所有或者部分各自所有、部分共同所有。约定应当采用书面形式。没有约定或者约定不明确的，适用本法第一千零六十二条、第一千零六十三条的规定。

夫妻对婚姻关系存续期间所得的财产以及婚前财产的约定，对双方具有法律约束力。

夫妻对婚姻关系存续期间所得的财产约定归各自所有，夫或者妻一方对外所负的债务，相对人知道该约定的，以夫或者妻一方的个人财产清偿。

《民法典》第一千零八十八条

夫妻一方因抚育子女、照料老年人、协助另一方工作等负担较多义务的，离婚时有权向另一方请求补偿，另一方应当给予补偿。具体办法由双方协议；协议不成的，由人民法院判决。

15. 收养子女需要满足哪些条件

经典案例

　　三十五岁的王女士和三十六岁的刘先生于2017年相识，并保持同居关系。王女士和刘先生都有过一段婚姻，并且刘先生有一个孩子，目前随前妻生活。由于王女士患有身体疾病，不适合生育，但是两个人非常想组建一个完整的大家庭。于是，王女士决定收养一个孩子。通过多方了解，王女士决定收养当地福利院七岁的男孩小壮。在办理收养手续时，王女士被告知由于其和小壮年龄差未达到四十周岁，所以不能办理收养手续。

案例解析

　　《民法典》第五编——婚姻家庭编的第五章专门规定了收养制度。所谓收养，是指自然人依照法定的程序和条件领养他人的子女作为子女，发生父母、子女之间权利义务关系的民事法律行为。我国的收养制度只针对未成年人，并且未成年人需要具有丧失父母或者查找不到生父母或者生父母有困难无力抚养的情形之一才符合被收养的条件。相较于之前《中华人民共和国收养法》（以下简称《收养法》）的规定，《民法典》扩大了被收养人的范围，尤其是将原来被收养人年龄需满足不满十四周岁扩大为不满十八周岁，这就使得更多的未成年人符合被收养的条件。

　　收养子女必然涉及双方的法律关系。一方是收养人，另一方是被收养人。《民法典》的第一千零九十八条规定了收养人应当符合的条件。第一，收养人无子女或者只有一名子女。之前《收养法》的规定是收养人需满足无子女的条件，但是由于近些年来计划生育政策的放开，国家提倡一对夫妻生育两个孩子，所以《民法典》对收养的条件也进行了相应的改变。第二，有抚养、教育和保护被收养人的能力。具体而言，养父母需要有稳定的收入，保障能够负担孩子的教育、医疗等各项支出。并且养父母应该具有正确的三观，以便培养孩子形成健全的人格。第三，未患有在医学上认为不应当收养子女的疾病。这里不应当收养子女的疾病，主要指精神疾病和严重的传染病。第四，无不利于被收养人健康成长的违法犯罪记录。该项条件也是《民法典》新增加的一项内容，其目的也是给被收养人营造一个良好的生长环境，最大限度地考虑被收养人的利益。收养人有违法犯罪记录的，收养登记机关应当判断该违法犯罪是否不利于被收养人的健康成长，再进一步决定是否准许收养。第五，年满三十周岁。夫妻双方共同收养子女时，双方均应年满三十周岁。另外，第一千一百零二条针对收养条件又补充了一点：无配偶者收养异性子女的，收养人与被收养人的年龄应当相差四十周岁以上。这样规定的目的主要是防止有不法目的人对异性被收养人造成侵害。同时符合上述条件的收养人，无子女的可以收养两名子女，有子女的只能收养一名子女。

在上述案例中，王女士因为和小壮的年龄差未能达到四十周岁，所以不能顺利办理收养手续。但是王女士可以采取与刘先生尽快办理结婚登记手续的方式使自己符合收养条件，夫妻双方共同收养子女时，不需要遵从第一千一百零二条的规定。

另外，《民法典》的第一千零九十九条、第一千一百零三条、第一千一百条分别对收养三代以内旁系同辈血亲的子女，继父母收养继子女，收养孤儿、残疾未成年或者儿童福利机构抚养的查找不到生父母的未成年人做出了适当的放宽性规定。

相关法条

《民法典》第一千零九十八条

收养人应当同时具备下列条件：

（一）无子女或者只有一名子女；

（二）有抚养、教育和保护被收养人的能力；

（三）未患有在医学上认为不应当收养子女的疾病；

（四）无不利于被收养人健康成长的违法犯罪记录；

（五）年满三十周岁。

《民法典》第一千一百零一条

有配偶者收养子女，应当夫妻共同收养。

《民法典》第一千一百零二条

无配偶者收养异性子女的，收养人与被收养人的年龄应当相差四十周岁以上。

继承篇

财富传承，尊重被继承人的意志

1. 法定继承顺序如何确定

经典案例

钱某与胡某婚后生有子女甲和乙，后钱某与胡某离婚，子女甲、乙归胡某抚养。一年后，胡某与吴某结婚，当时甲已成年且已经在当地有稳定的工作，而乙尚未成年，跟随胡某与吴某居住。吴某有一妹妹小吴，因在当地工作，也同吴某一同居住。后胡某与吴某生下一女丙，而吴某与前妻生有一子丁。

几年后，吴某因病去世，胡某、甲、乙、丙、丁以及吴某的妹妹小吴都想继承吴某的财产，几人发生了争执，诉至当地人民法院。

案例解析

《中华人民共和国继承法》（以下简称《继承法》）颁布于1985年，至2021年《民法典》正式颁布时，已经实行了三十五年。在三十五年中，除了最高人民法院出台的相关司法解释外，该法未进行修订。本次《民法典》的编纂过程中，将原来的37条法律条文扩展为44条，并将其内容进行了部分调整，使其更加适合现代经济社会发展带来的家庭关系和亲属关系的改变。继承权是自然人享有的重要财产权，是社会财产关系中的重要部分。建立恰当、合适且符合国情的继承制度有助于进一步促进家族财富的传承，稳定家庭内部的关系，进而推进社会财富涌流。

继承制度中最基础和常见的继承规范就是法定继承。法定继承，是指由我国法律直接规定继承人的范围、继承的先后顺序以及遗产分配原则的一种继承方式，具有法定性和强行性。法律中对法定继承规则的设计能最大限度地体现一个国家的伦理和亲缘观念。

首先我们了解两个在继承制度中的基础名词。第一，被继承人，是指在继承关系中，其财产将被他人继承的人。第二，继承人，是指依法继承被继承人财产的人，内在分为法定继承人和遗嘱继承人。

法定继承人主要包含两个类型，即第一顺序法定继承人和第二顺序法定继承人。在适用法定继承处理遗产问题时，要遵循的一个大原则是，有第一顺序继承人的情况下，第二顺序继承人不发生继承。只有在没有第一顺序继承人继承的情况下才会产生第二顺序继承人继承的情况。

依据《民法典》第一千一百二十七条和第一千一百二十九条等条款，共有六类人属于明文规定的第一顺序法定继承人的范围。第一，配偶。在合法有效的婚姻关系中，配偶双方互为第一顺序法定继承人。但是如果是同居关系和婚姻被宣告无效或被撤销的情况下，双方当事人互不享有继承权。第二，父母。父母包括生父母、养父母以及有抚养关系的继父母。第三，子女。子女包括婚生子女、非婚生子女、养子女以及有扶养关系的继子女。第四，丧偶儿媳对公婆或丧偶女婿对岳父母尽了主要赡养义务的，无论其是否再婚，也作为第一顺序继承人。第五，胎儿。在遗产分割时应当为胎儿保留继承份额。第六，《民法典》第一千一百二十八条规定了代位继承制度，被继承人的子女先于被继承人死亡的，被继承人的子女的直系晚辈血亲作为代位继承人。此时，代位继承人的地位相当于第一顺序法定继承人。

根据《民法典》规定，共有三类人属于第二顺序的法定继承人。第一，兄弟姐妹。这里的兄弟姐妹包括同父母的兄弟姐妹，同父异母或同母异父的兄弟姐妹，养兄弟姐妹以及有扶养关系的继兄弟姐妹。第二，祖父母，外祖父母。第三，作为代位继承人的被继承人的兄弟姐妹的子女。此时，代位继承人相当于第二顺序法定继承人。

在上述有关吴某的案例中，由于胡某、乙、丙、丁属于第一顺序法定继承人，所以作为第二顺序法定继承人的吴某的妹妹小吴没有继承权。在胡某、甲、乙、丙、丁四人中，对于吴某的遗产，甲由于未与吴某一起生活，未形成有抚养关系的继父母子女关系，故不享有吴某遗产的继承权。胡某作为吴某的配偶，丙和丁作为吴某的子女都享有继承权，乙由于与吴某形成有抚养关系的继父母子女关系，亦享有继承权。

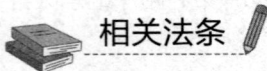

相关法条

《民法典》第一千一百二十七条

遗产按照下列顺序继承：

（一）第一顺序：配偶、子女、父母；

（二）第二顺序：兄弟姐妹、祖父母、外祖父母。

继承开始后，由第一顺序继承人继承，第二顺序继承人不继承；没有第一顺序继承人继承的，由第二顺序继承人继承。

本编所称子女，包括婚生子女、非婚生子女、养子女和有抚养关系的继子女。

本编所称父母，包括生父母、养父母和有抚养关系的继父母。

本编所称兄弟姐妹，包括同父母的兄弟姐妹、同父异母或者同母异父的兄弟姐妹、养兄弟姐妹、有抚养关系的继兄弟姐妹。

《民法典》第一千一百二十九条

丧偶儿媳对公婆，丧偶女婿对岳父母，尽了主要赡养义务的，作为第一顺序继承人。

2. 口头遗嘱是否具有法律效力

经典案例

老王在上班时突发心脏病，被周围同事送往医院救治。由于情况紧急，由同事老李、老赵见证，老王口述了遗嘱的内容。老王表示，自己死后，自己名下的房屋由儿子继承，自己的车辆以及钱款由女儿继承。经过医院全力抢救，老王最终脱离了险境，回到了原本的工作岗位。一年后，老王再次突发心脏病死亡。老王只有儿子和女儿两个亲人，除了前述的口头遗嘱，老王未再订立其他遗嘱。

老王的儿子主张应该按照老王的口头遗嘱来处理遗产，而女儿则认为该遗嘱已经失效，应该按照法定继承份额公平划分财产。

案例解析

根据《民法典》第一千一百三十三条，自然人可以依照法律规定立遗嘱处分个人财产。这是自然人依照其意志在生前对于个人合法财产做出死后安排的一种行为。因为遗嘱是被继承人真实的意思表示，所以其天然具有优先于法定继承的地位。

遗嘱是一种要式法律行为，其含义是遗嘱必须符合法律规定的形式。《民法典》第一千一百三十四条至第一千一百三十九条具体规定了遗嘱的几种形式，只有符合这几种规定的形式，该遗嘱才能成立，并且在被继承人（遗嘱人）死亡时生效。

具体而言，遗嘱分为六种形式：

第一种是规定于《民法典》第一千一百三十四条的自书遗嘱。这里强调必须由遗嘱人亲笔书写，并且由遗嘱人签字，不能以盖章或者按指印来代替。

第二种是规定于《民法典》第一千一百三十五条的代书遗嘱。代书遗嘱需要有两个以上无利害关系的见证人在场见证。由遗嘱人口述遗嘱的内容，由他人代书。经过向遗嘱人宣读，讲解完毕后，由代书人、见证人和遗嘱人共同签字。如果遗嘱人在此种情况下不能签名，可以按指印代替。

第三种是规定于《民法典》第一千一百三十六条的打印遗嘱。也是需要有两个以上无利害关系的见证人在场见证。由遗嘱人口述或书写遗嘱内容并打印成书面文件，再由遗嘱人和见证人在遗嘱的每一页上都签字。

第四种是规定于《民法典》第一千一百三十七条的录音录像遗嘱。同样需要两个以上无利害关系的见证人在场见证。由遗嘱人口述遗嘱内容并录音或录像，遗嘱人和全体见证人应当在录音录像中记录其姓名或者肖像，最终将录音录像遗嘱当场封存。全体见证人于封缝处签名。

第五种是《民法典》第一千一百三十八条规定的口头遗嘱。口头遗嘱只能适用于危急情况下。若无危急情况，则口头遗嘱不成立。并且危急情况解除后，若遗嘱人能够以书面或者录音录像形式立遗嘱的，其所立的口头遗嘱无效。口头遗嘱也需要两个以上无利害关系的见证人在场见证。

第六种是《民法典》第一千一百三十九条规定的公证遗嘱。办理公证遗嘱需要遗嘱人亲自到公证机关办理公证或者请求公证机关到其所在地办理遗嘱公证。在原来的《继承法》规范中，公证遗嘱具有最强的法律效力。但是在《民法典》中，为了照顾遗嘱人的真实意思表示，删除了原来的规则。现在公证遗嘱方式和其他几种方式一样，具有同等的法律效力。公证机关会在做完公证后出具"遗嘱公证书"一式两份，由公证机关和遗嘱人分别进行保存。

在上述案例中，老王订立完口头遗嘱后，危急情况已经解除，老王能够用书面或者录音录像的形式订立遗嘱但却未订立。在老王死亡时，其之前曾立过的口头遗嘱已经失去法律效力，所以老王的全部财产适用法定继承，由儿子和女儿平分（其房屋可以出卖后折合成价款再进行平分）。

相关法条

《民法典》第一千一百三十八条

遗嘱人在危急情况下，可以立口头遗嘱。口头遗嘱应当有两个以上见证人在场见证。危急情况消除后，遗嘱人能够以书面或者录音录像形式立遗嘱的，所立的口头遗嘱无效。

3. 沉默能否成为接受继承（遗赠）的方式

经典案例

老刘是某村的种粮大户，每年都能有不错的收入。老刘妻子去世较早，家里只有两个儿子，大儿子刘甲在外地打工，多年未归，二儿子刘乙和老刘生活在一起。老刘平日爱好书画，经常和邻村的老王交流心得。后来，老刘某日突发疾病去世。刘乙在父亲的遗物中发现了父亲的遗嘱，上面写明：自己名下的房产全部归二儿子刘乙，全部30万元存款归大儿子刘甲，自己珍藏的10幅书画赠送给老王。刘乙立刻联系了哥哥刘甲和老王。但时间过去了三个月，刘甲和老王都没有给刘乙答复。

半年后，刘甲回家，向弟弟刘乙索要父亲留下的30万元存款；老王也主动联系到刘乙，表示想取走老刘留下的10幅书画。但刘乙对此均表示拒绝。

案例解析

遗嘱继承和遗赠都是通过遗嘱的方式来处分被继承人的财产，但是这两者在具体构造上存在很大的差别。首先，遗嘱继承的受益人是被继承人的法定继承人。这里的法定继承人既包括第一顺序的法定继承人，也包括第二顺序的法定继承人。无论顺位如何，只要遗嘱人在遗嘱中指定的受益人属于《民法典》第一千一百二十七条所规定的人员范围，就属于遗嘱继承。而遗赠中的受益人范围却非常广，既可以是法定继承人以外的其他个人，也可以是组织、集体，甚至是国家。作为公民，我们有权利决定在自己死后把财产捐赠给某个组织，如基金会。其次，受遗赠权的客体只是遗产中的财产权利，而不包括财产义务，《民法典》第一千一百六十二条规定，执行遗赠不得妨碍清偿遗赠人依法应当缴纳的税款和债务。也就是说，执行被继承人的遗赠应当在清偿完遗赠人的财产债务之后。而遗嘱继承的客体是遗产，既包括被继承人生前的财产权利，也包括被继承人生前的财产义务，二者一起打包继承。

最后，遗赠和遗嘱继承的接受和放弃的方式、期间有所不同。在继承开始后，受遗赠人应当在知道受遗赠后60日内，作出接受或者放弃遗赠的表示。到期没有做出表示的，视为放弃接受遗赠。而遗嘱继承人在继承开始后、遗产正式处理以前，如果没有用书面的形式表示自己放弃遗嘱继承的，视为接受继承。在上述案例中，刘甲和老王在接到刘乙的通知后，都选择了沉默。但是由于刘甲是老刘的亲生子女，属于遗嘱继承，其沉默带来的后果是视为接受继承。而老王并不属于法定继承人的范围，老刘之于老王的是一种遗赠，其沉默行为带来的后果是视为放弃接受遗赠。因此，刘乙无权拒绝哥哥刘甲索要存款的要求，但可以拒绝老王索要10幅书画的要求。这10幅书画按照兜底的法定继承规则由老刘的两个儿子平分。

相关法条

《民法典》第一千一百二十四条

继承开始后，继承人放弃继承的，应当在遗产处理前，以书面形式作出放弃继承的表示；没有表示的，视为接受继承。

受遗赠人应当在知道受遗赠后六十日内，作出接受或者放弃受遗赠的表示；到期没有表示的，视为放弃受遗赠。

4. 公证遗嘱设立后能否变更

经典案例

老陆立下一份公证遗嘱，将大部分财产留给儿子陆一，少部分存款留给女儿陆二，将自己的藏书赠与邻居老赵。后陆一因盗窃而被判刑，老陆对陆一的行为伤心至极，在病榻上将遗嘱烧毁，不久去世。陆一出狱后要求按照遗嘱的内容继承遗产。但是陆二认为父亲已经烧毁了公证遗嘱，陆一无权要求按照遗嘱的内容继承财产。

案例解析

《民法典》第一千一百四十二条规定了遗嘱的撤回与变更制度。遗嘱的撤回与变更是指遗嘱人依法改变原先所立遗嘱的部分或者全部内容，使其效力全部或者部分不发生效力。一般情况下，我们把使遗嘱全部不发生效力的情况称为遗嘱的撤回，使其部分不发生效力的情况称为遗嘱的变更。

具体而言，我们把遗嘱的撤回与变更分为明示与默示两种方式。

遗嘱的明示撤回与变更是指遗嘱人订立新的遗嘱，并在新订立的遗嘱中明确表示撤回或者改变先前所立的遗嘱。比如，遗嘱人先前订立了一个自书遗嘱，后来其心意发生改变，可以再订立一个新的自书遗嘱或者录音录像遗嘱，在新的遗嘱中表明撤销之前的自书遗嘱。

遗嘱的默示撤回与变更是指订立遗嘱后，遗嘱人实施与遗嘱内容完全相反的民事法律行为，我们把这种行为视为对遗嘱相关内容的撤回或变更。常见的情况是遗嘱人订立了数份遗嘱，但是数份遗嘱内容完全抵触，我们会以最后所立的遗嘱为准。另一种情况是遗嘱人订立遗嘱后，遗嘱人故意破坏已经订立的遗嘱，比如，撕毁或者涂销已经订立的遗嘱内容，那么该遗嘱也视为被默示撤回。但是需要注意的是，如果遗嘱人订立的是公证遗嘱，遗嘱人必须一并破坏遗嘱人自己保存的正本和存放于公证处的原本才能产生撤回公证遗嘱的效力。如果仅仅是故意破坏了正本，不能产生撤回公证遗嘱的效果。

在上述案例中，老陆如果想要变更自己已经订立的公证遗嘱，就需要一并销毁老陆自己保留的正本和保存于公证机关的原本才能真正产生撤回公证遗嘱的效力。而老陆仅仅破坏了自己手中的正本，不能产生撤回公证遗嘱的效果。所以老陆的儿子陆一出狱后有权依据公证遗嘱继承大部分财产。

由于《民法典》中已经删除了公证遗嘱最优先效力的规定，老陆在不撤销公证遗嘱的情况下其实可以重新订立一份遗嘱，遗嘱可以写明撤销原有的公证遗嘱，也可以直接订立和公证遗嘱冲突的内容。不论采用哪种形式（自书遗嘱、录音录像遗嘱、代书遗嘱、打印遗嘱或口头遗嘱）都可以依据《民法典》第一千一百四十二条的规定，以最后的遗嘱为准。

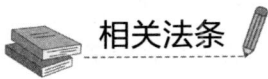

相关法条

《民法典》第一千一百四十二条

遗嘱人可以撤回、变更自己所立的遗嘱。

立遗嘱后，遗嘱人实施与遗嘱内容相反的民事法律行为的，视为对遗嘱相关内容的撤回。

立有数份遗嘱，内容相抵触的，以最后的遗嘱为准。

5. 子女虐待父母，还能继承父母的财产吗

经典案例

老李今年六十五岁，身患重病不能自理，周围的亲人只有其独生女小李。但小李由于早年没有接受良好的教育，终日游手好闲，只希望自己早日拿到老李的遗产。在老李重病休养期间，小李辞退护工，故意不给老李饭吃，并且还经常制止老李正常服药。某天，老李告知小李自己不会把遗产留给小李，小李便对老李大打出手，致使老李住院。在治疗期间，老李报警，小李因为犯虐待罪被法院判处有期徒刑一年。

案例解析

《民法典》的第一千一百二十五条规定了继承权的丧失制度，我们又把它称为继承权被剥夺。即在发生法律规定的几种事由的情况下，继承人丧失继承被继承人财产的权利。查阅世界各国的继承规范，我们会发现其中都对继承权的丧失作出了专门规定，其原因是这一制度能够规范继承人的继承行为，维护家庭内部的秩序和继承秩序，确保被继承人的利益得到最大限度的维护。因此，此次《民法典》的编纂保留了原来《继承法》规定的几种情况，并采纳了学理上的修改意见，共同组成了现在的五种丧失继承权的情况。

第一，故意杀害被继承人。此处仅要求是"故意"，不区分杀害的结果是既遂还是未遂。第二，为争夺遗产而杀害其他继承人。与杀害被继承人一样，这里也不区分杀害结果是既遂还是未遂。第三，遗弃被继承人或者虐待被继承

人情节严重的。所谓遗弃被继承人，是指继承人对年老体弱多病、没有独立生活能力的被继承人拒绝进行扶养的行为。而虐待则可以分为肉体上的摧残和精神上的折磨。这里的遗弃和虐待需达到情节严重的后果，情节严重的认定可以根据损害的时间、手段、后果和社会影响等方面来综合认定。第四，伪造、篡改、隐匿或者销毁遗嘱，情节严重的。这里的情节严重是指侵害了其他缺乏劳动能力又无生活来源的继承人的利益，并造成其生活困难。第五，以欺诈、胁迫手段迫使或者妨碍被继承人设立、变更或撤回遗嘱，情节严重的。在上述老李和小李的案例中，小李的行为已经构成《民法典》第一千一百二十五条的第一款第三项所述的虐待被继承人且情节严重，因此小李已经失去了继承权，不能再继承其父亲老李的遗产。

其实在《民法典》第一千一百二十五条的第二款还规定了继承权的恢复制度。是指法定继承人或遗嘱继承人在有上述第三、第四、第五所述的几种行为后，如确有悔改表现，被继承人表示宽恕或者在事后的遗嘱中将其列为继承人的，该继承人并不丧失继承权。在上述案例中，如果小李出狱后能够痛改前非，好好对待老李，仍有恢复继承权的可能。但是，如果小李实施了故意杀害老李以获得遗产的行为，那么小李的继承权永远无法恢复。我们也把这些称为继承权的宽宥制度。因为我国规定宽宥制度的初衷是维护家庭的和谐，使得老有所养，所以这种宽宥制度不适用于受遗赠人，只适用于法定、遗嘱继承人。

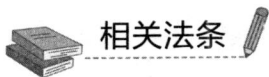

相关法条

《民法典》第一千一百二十五条

继承人有下列行为之一的，丧失继承权：

（一）故意杀害被继承人；

（二）为争夺遗产而杀害其他继承人；

（三）遗弃被继承人，或者虐待被继承人情节严重；

（四）伪造、篡改、隐匿或者销毁遗嘱，情节严重；

（五）以欺诈、胁迫手段迫使或者妨碍被继承人设立、变更或者撤回遗嘱，情节严重。

继承人有前款第三项至第五项行为，确有悔改表现，被继承人表示宽恕或者事后在遗嘱中将其列为继承人的，该继承人不丧失继承权。

受遗赠人有本条第一款规定行为的，丧失受遗赠权。

6. 继承财产前需要先清偿被继承人的债务吗

经典案例

老王和妻子离婚后，恰逢新冠肺炎疫情暴发，生产经营出现巨额亏损。因为老王心理承受能力较差，终日郁郁寡欢，不幸英年早逝。老王死亡后留下的主要财产有两项：一是位于当地六环市值100万元的住房一套，二是金钱债务300万元。老王的法定继承人为十五岁的儿子王甲和十三岁的女儿王乙。王甲和王乙依法继承了老王的住房。半个月后，老王的债权人找到王甲和王乙，表示需要"父债子还"，要求王甲和王乙归还老王的300万元欠款。王甲和王乙表示自己无能力归还。最终，债权人将王甲和王乙诉至人民法院。

案例解析

《民法典》第一千一百五十九条和第一千一百六十一条规定了继承制度中的概括继承规则和限定继承规则，以下分别来进行解释。

所谓概括继承，是指当遗产包括积极遗产（指被继承人生前享有的权利）和消极遗产（指被继承人生前所负担的债务和应当缴纳的税款）的情况下，继承人未放弃遗产的，应当一并继承被继承人的积极遗产和消极遗产。比如，被继承人生前签订了一个买卖合同，既有收取对方当事人货款的权利，也有向对方当事人发货的义务。这时如果继承人选择继承被继承人的遗产，那么继承人就自动取代被继承人在合同中的地位。继承人可以收取货款，但也必须向对方发货。

所谓限定继承规则，是指继承人未放弃继承的，需清偿被继承人生前所负担的债务和应缴的税款。但是其范围是有限的，以继承的积极遗产价值为限。对于承担的债务（消极遗产）超过了积极遗产价值的部分，继承人无清偿的义务。比如，继承人继承了50万元的财产，但是需要清偿100万元的债务，继承人只需要清偿50万元的部分，余下的不需要清偿。

在上述案例中，老王去世之后，王甲和王乙并没有放弃对老王财产的继承，所以王甲和王乙概括继承了老王的积极遗产和消极遗产，即王甲和王乙获得了对房屋的所有权的同时也需要清偿对债权人的300万元欠款。但因为王甲和王乙所继承的消极遗产价值远超过积极遗产的价值，所以王甲和王乙只需要承担100万元的金钱债务（"父债子还"的范围也是这100万元），剩余的200万元债务，王甲和王乙无须承担。可能有人会好奇：老王留下的消极财产价值远高于积极财产的价值，为什么两个孩子还要继续继承这些财产呢？直接拒绝继承不就不需要承担债务了吗？在本案中，王甲和王乙确实可以直接放弃继承，但是由于王甲和王乙的年龄尚小，需要住房来维持基本的生活。并且此套住房未来可能存在升值的空间，现在虽然价值只有100万元，可能未来随着城市扩张会涨到400万元，而王甲和王乙依照限定继承规则所要承担的还款责任只有100万元。所以，王甲和王乙选择继承房屋也是存在现实合理性的。

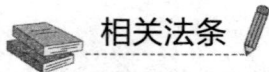

相关法条

《民法典》第一千一百五十九条

分割遗产，应当清偿被继承人依法应当缴纳的税款和债务；但是，应当为缺乏劳动能力又没有生活来源的继承人保留必要的遗产。

《民法典》第一千一百六十一条

继承人以所得遗产实际价值为限清偿被继承人依法应当缴纳的税款和债务。超过遗产实际价值部分，继承人自愿偿还的不在此限。继承人放弃继承的，对被继承人依法应当缴纳的税款和债务可以不负清偿责任。

7. 被继承人的子女先于被继承人死亡如何处理

经典案例

老崔有三个儿子，分别是崔一、崔二、崔三。崔一成年后结婚，育有一子小崔。老崔的三个儿子中，崔一从来不管自己的父亲，多次打骂、虐待老崔，并且因为虐待罪被判处有期徒刑一年。崔一出狱半年后意外死亡。后来老崔也因病去世。针对老崔所留的遗产，孙子小崔和崔二、崔三发生了争议。小崔认为自己有权代位继承崔一应该分得的遗产，但崔二、崔三认为崔一因为虐待父亲老崔已经丧失了继承权。

案例解析

《民法典》第一千一百二十八条规定了代位继承制度，代位继承这一制度设立的初衷是为了充分维护家庭中的财产权利，防止出现财产无人继承的情况，共分为三款。我们以第一款规定为基础进行理解。

所谓代位继承，是指被继承人的子女先于被继承人死亡的情况下，这些财产由被继承人子女的直系晚辈血亲代位继承。举例来说，三代人分别是甲、甲的父亲乙、甲的爷爷丙。如果乙早于丙死亡，那么在丙死亡时，甲有权代位继承乙从丙处分得的财产。此时，甲为代位继承人，乙为被代位继承人，丙为被继承人。所以，成立代位继承几个关键的条件是：被继承人（丙）死亡；被继承人的子女（乙）先于被继承人（丙）死亡；先于被继承人死亡的被继承人的子女（乙）没有丧失继承权。另外，代位继承不受辈数的限制，被继承人的孙子女、外孙子女、曾孙子女、外曾孙子女都可以代位继承。丧偶儿媳对公婆或丧偶女婿对岳父母进行主要赡养义务的，无论其是否再婚，依照《民法典》第一千一百二十九条规定，当其作为第一顺序法定继承人时，其子女也可以进行代位继承。

在上述老崔的案例中，崔一因为虐待老王已经丧失了继承权，而代位继承要求先于被继承人（老崔）死亡的被继承人的子女（崔一）没有丧失继承权。所以其儿子小崔也无法代位继承老崔的遗产。因此在无其他亲人的情况下，依照法定继承，老崔的遗产应该由崔二和崔三平分。

在代位继承制度的构建过程中，此次《民法典》新增了第二款第二顺序法定继承人的代位继承制度，将兄弟姐妹纳入被代位继承人的范围，更好地保障了私有财产在血缘家族内部的流转，减少产生无继承人的情况，同时促进亲属关系的发展，加强亲属之间的交流与沟通。具体而言，是指被继承人的兄弟姐妹先于被继承人死亡的，由被继承人的兄弟姐妹的子女代位继承。其限定条件为，被继承人无第一顺序法定继承人；被承认的兄弟姐妹先于被继承人死亡；先于被继承人死亡的被继承人的兄弟姐妹没有丧失继承权。在此情况下，先于被继承人死亡的被继承人的兄弟姐妹的子女，以第二顺序法定继承人的地位分得被代位继承人有权继承的遗产份额。举例来说，哥哥甲、弟弟乙，两人自幼父母双亡，无其他亲人。成年后，甲结婚并育有一子小甲。乙一直单身。甲于2020年死亡，乙于2021年死亡。在乙死亡时，没有第一顺序法定继承人，乙的第二顺序法定继承人甲（兄弟姐妹）先于乙死亡，所以甲的儿子小甲可以代位继承乙的遗产。

相关法条

《民法典》第一千一百二十八条

被继承人的子女先于被继承人死亡的，由被继承人的子女的直系晚辈血亲代位继承。

被继承人的兄弟姐妹先于被继承人死亡的，由被继承人的兄弟姐妹的子女代位继承。

代位继承人一般只能继承被代位继承人有权继承的遗产份额。

8. 继承人在被继承人死亡后、遗产分割前死亡的情况如何处理

经典案例

李某死后留下一套房屋和数十万元存款，生前未立遗嘱。李某有甲、乙、丙三个女儿，并收养了一个儿子丁。大女儿甲中年病故，留下一子小甲。养子丁虽收入丰厚，却拒绝赡养李某。在乙、丙两个女儿为李某办理丧事期间，小女儿丙因交通事故意外身亡，留下一女小丙。此时，李某的养子丁回到家中，主张继承李某的财产，并主张只有自己和乙作为第一顺序继承人有权继承财产。由于多方意见无法统一，小甲和小丙将丁诉至当地人民法院。

案例解析

《民法典》第一千一百五十二条是关于转继承的规定。转继承是指继承人在继承开始后、遗产分割前死亡，其所应继承的遗产份额转由其继承人继承的法律制度。转继承有一个通俗的名字叫作"二次继承"。我们把死亡的继承人称为被转继承人，实际最终接受遗产却死亡的继承人的继承人称为转继承人。要想正确理解转继承制度，我们需要把它拆分来看。首先是继承人取得被继承人的遗产，其次是转继承人取得被转继承人（继承人）的遗产。

要想正确理解转继承制度，需要把它和代位继承制度进行比较。最典型的是转继承制度不仅适用于法定继承的情形，也适用于遗嘱继承的情形。而代位继承只适用于法定继承。其原因在于，在遗嘱生效之前，遗嘱确定的被代位继

承人已经死亡，尚未取得实际的遗产继承权，其晚辈直系血亲也就无法代其取得遗嘱中指定的财产。而由于转继承是发生两个继承，继承人在继承开始后，遗产分割前，不论是依法定还是依遗嘱，都已经实际取得了遗产继承。

在上述案例中，小女儿丙之女小丙是转继承人。小女儿丙于被继承人死亡后（继承开始后）遗产分割前死亡，且没有主动放弃继承，因此该财产理应转由其继承人小丙继续继承。转继承人的确不在第一顺序继承人之列，因为转继承人并非被继承人的继承人，而是被继承人子女的继承人。李某的第一顺序法定继承人是二女儿乙和大女儿之女小甲。大女儿甲先于李某死亡，属于被继承人的子女先于被继承人死亡的情况，此时由被继承人的子女的直系晚辈血亲代位继承。因此，小甲依据代位继承制度成为第一顺序法定继承人。而李某的养子丁虽为第一顺序继承人，但因其有扶养被继承人的能力而不扶养，按照《民法典》第一千一百三十条第四款的规定，应当不分或少分李某的遗产。

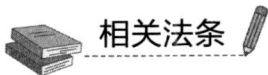

相关法条

《民法典》第一千一百五十二条

继承开始后，继承人于遗产分割前死亡，并没有放弃继承的，该继承人应当继承的遗产转给其继承人，但是遗嘱另有安排的除外。

9. 什么是遗赠扶养协议

经典案例

老刘的妻子早年因病去世，膝下没有子女，有一养子小刘，小刘成年后常年在外地工作。因最近身体愈发虚弱，老刘与村委会签订了遗赠扶养协议，协议约定老刘的生养死葬由村委会负责，老刘死后遗产归村委会所有。协议签订后，村委会定期为老刘送去衣服和食物，并且带老刘到当地医院治疗。但是一个月后，老刘在家又自书一份遗嘱，遗嘱中写明将其全部财产赠与侄子小王。半年后，老刘死亡，小刘就老刘的遗产与村委会以及小王发生争议，诉至当地人民法院。

案例解析

《民法典》第一千一百五十八条规定了遗赠扶养协议。它是指自然人与继承人以外的组织或个人签订协议，由协议约定该组织或个人承担该自然人生养死葬义务，享有受遗赠的权力。遗赠扶养协议是一种自然人生前对其死后遗产的一种处置方式，是法律对我国民间长期存在的遗赠扶养协议实践经验的总结与肯定。

遗赠扶养协议限制了扶养人必须为继承人以外的人。因为法律上默认继承人一般情况下都和被继承人存在亲属关系，都有对被继承人进行照顾的义务。被扶养人可以和任何人、任何组织机构签订协议，确保自己能够安度晚年，没有后顾之忧。要想清楚地理解遗赠扶养协议，我们需要以被扶养人死亡为时间点划分为两个阶段。在被扶养人死亡（包含安葬）之前，扶养人应当履行对被扶养人生养死葬的义务；在被扶养人死亡之后，扶养人取得被扶养人遗赠的财产。并且最为重要的是，相较于遗嘱继承、遗赠和法定继承，遗赠扶养协议具有最优先的法律效力。其原因在于遗赠扶养协议本质上是一种合同关系，扶养人付出努力应该得到相应报酬。

在上述案例中，老刘与村委会签订了合法有效的遗赠扶养协议。侄子小王属于遗嘱继承人，养子小刘属于法定继承人。按照遗赠扶养协议优先于遗嘱继承、遗赠，遗嘱继承、遗赠优先于法定继承的原则，老刘的遗产应该归村委会所有。

在遗赠扶养协议中也可能会出现比较特殊的情况。比如，因扶养人无正当理由违反约定而解除协议，那么扶养人也就丧失了接受遗赠的权利，并且其之前支付的扶养费用一般也不予补偿。但如果是因被扶养人无正当理由违反约定义务而导致解除遗赠扶养协议的，那么被扶养人应当偿还扶养人已经支付的扶养费用。

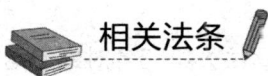

相关法条

《民法典》第一千一百五十八条

自然人可以与继承人以外的组织或者个人签订遗赠扶养协议。按照协议，该组织或者个人承担该自然人生养死葬的义务，享有受遗赠的权利。

10. 网络游戏账号如何继承

经典案例

张某非常喜欢某款网络游戏，在该游戏中投入了大量时间和金钱。由于网络游戏都具有聊天功能，张某在网络游戏聊天平台上认识了许多好朋友，经常聊到深夜。后来由于张某工作、生活压力太大，不幸因病去世。张某有一子小张，二十岁。张某去世后，小张登录父亲的网络游戏账号，发现上面的各项虚拟装备累计价值达40万元。于是，小张希望能继承该游戏账号供自己使用。但是通过查询游戏信息发现，该账号绑定的是张某的身份信息且无法修改，于是小张将该游戏公司告上法庭，请求人民法院判决该游戏账号归自己所有。

案例解析

《民法典》第一千一百二十二条修改了原来《继承法》第三条对继承财产范围的列举性规定，将遗产范围定义为自然人死亡时遗留的个人合法财产。这样概括式的描述，极大限度地扩张了可供继承的财产的范围，为保障私有财产继承奠定了基础。但是，我国法律并没有明确规定虚拟财产一定可以继承以及如何继承，这就为现实生活中案件的处理留下了很大自由裁量的空间。人民法院需要在个案中具体结合虚拟财产的性质，以及用户是否与平台之间签订了"不得继承"的用户协议等要件来综合认定。在实践中发生的比较典型的案例是，夫妻双方开设网店，网店由丈夫实名注册。后来丈夫去世，妻子要求继承网店的经营权并变更经营权人的请求得到支持。

依据《民法典》第一千一百二十二条的规定，只有依照法律规定或者根据其性质不得继承的遗产才不能继承。我国不存在规定游戏账号不得继承的法律，所以我们要集中判断游戏账号的性质是否适合继承。从当下的交易市场情况来看，游戏账号里面的装备在市场上确实具有一定的财产价值，也不存在违背公序良俗的情况，因此我们倾向于认为虚拟财产装备可以发生继承。但是在上述案例中，张某的账号具有一定的特殊性，其账号具有聊天功能。而聊天很可能涉及当事人的隐私，所以这一部分可能存在不适合继承的内容。所以综合来看，我们认为小张有权利取得张某的游戏账号，网络游戏公司可以采取把价值40万元的装备转移到小张个人账号的方式，或者采用删除张某聊天内容，改变张某账号登记身份信息的方式来保障小张的继承权。

此外还有一点需要补充，即游戏账号的用户对所申请账号是否享有所有权？事实上，我们很难说使用者对其享有所有权。因为如果用户对游戏账号享有的是所有权的话，那么网络游戏公司就必须确保游戏账号永远能够使用，对用户的数据永久保留。但是现实生活中，游戏公司可能经常会因为一些资金或者管理的问题无法继续维持游戏的运营，最终选择关闭服务器。所以我们更加倾向于认为用户对于网络游戏账号享有的是一种使用权，网络服务提供者只需按照用户注册账号时签订的双方协议提供服务即可。

现在随着科技的发展，会有更多的虚拟产品进入人们的生活，这类财产能否继承仍有待法律和司法解释进一步规定和明确。比如，我们常用的微信和QQ等聊天软件，里面储存的金钱当然可以作为遗产被继承。但是账号能否继承的问题尚存在争议。因为聊天账号里面可能储存了大量当事人本人的个人信息，如果没有本人的明确授权，可能构成对当事人隐私权的侵犯。

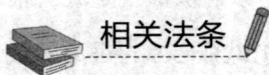

📚 **相关法条** ✏

《民法典》第一百二十七条

法律对数据、网络虚拟财产的保护有规定的，依照其规定。

《民法典》第一千一百二十二条

遗产是自然人死亡时遗留的个人合法财产。

依照法律规定或者根据其性质不得继承的遗产，不得继承。

侵权责任篇

责任明确，精准保护和救济民事权益

1. 未成年子女侵害他人权益，后果都由家长承担吗

经典案例

刘某有一个儿子小刘。某天，小刘在路边玩耍，将一块石头扔向路上的行人，致使行人马某受伤，马某经过治疗脸上留下了一大块伤疤。马某要求小刘和刘某承担赔偿责任，但是刘某辩称小刘是小孩子，不懂事、不小心，迟迟不承担马某花费的医药费。无奈，马某将小刘和刘某共同告上了法庭。

案例解析

《民法典》第一千一百八十八条规定了无民事行为能力人、限制民事行为能力人致人损害的责任承担原则。实施加害行为的无民事行为能力人或限制行为能力人自身拥有财产的，以本人的财产支付赔偿费用。如果行为人没有财产或者财产不足以支付赔偿费用的，由监护人承担无过错的替代责任。在实践中，很多年幼的孩子由于继承或者接受他人赠与会有自己的存款。如果这些存款足以支付其赔偿金，那么其父母则不需要承担责任。在上述案例中，小刘侵害了行人马某的人身权利，需要承担赔偿责任。如果小刘自己拥有财产，那么小刘需要自己承担赔偿责任；如果小刘自己没有财产或者财产不足以支付马某的所有医药费或赔偿金，那么需要由刘某承担。如果我们具体运用侵权行为一般构成要件和归责原则来进行分析，小刘扔石头的行为是一种加害行为，马某受伤是一种损害后果；小刘扔石头导致马某受伤，表明加害行为和损害结果之

间存在因果关系；小刘主观上存在故意或者过失的心理态度，此时采取过错责任原则，所以小刘需要承担侵权责任。而对于监护人刘某来说，由于监护人责任是采取无过错责任原则，所以刘某对马某的受伤虽然是没有过错的，但是由于小刘的行为、损害后果以及因果关系，刘某需要承担侵权责任。

《民法典》的第七编是侵权责任编，其主要解决的是行为人对其侵权行为所造成的损害依法应当承担的民事法律后果的问题。民法上的义务一般分为两种，一种是当事人之间约定的义务，另一种是依照法律规定的义务。违反前一种义务就会产生违约责任，比如买卖双方签订了买卖合同，一方负有支付价款的义务，如果其没有按期支付，就可能会承担违约责任。而违反后一种义务就会产生侵权责任。比如，每一个人都负有不得损害他人权利的法律义务，如果不小心打碎了他人的花瓶或水杯，就需要对他人的花瓶或水杯的所有权承担侵权责任。

要想分析侵权责任，首先要明确侵权责任的构成要件。通常，我们把侵权责任分成四个部分：一是加害行为。加害行为是指行为人实施的加害于被侵权人的合法权益的不法行为。比如，打碎他人贵重物品的行为。二是损害事实（结果）。损害是指被侵权人的人身、财产或者其他利益遭受的不利后果。比如，打碎他人贵重物品，会使他人遭受财产上的损失就是一种损害事实。除此以外，侵权（加害）行为还可能造成他人的人身损害和精神损害。三是因果关系。因果关系是指加害行为与损害结果之间的引起和被引起的关系。比如，打碎他人物品与他人遭受财产损失之间存在因果关系。如果说打碎他人的物品，但是他人没有遭受财产、人身或精神损失，而是由于中间其他的原因导致财物的毁损或灭失，那么侵权人不应承担侵权责任。四是主观过错。主观过错是指侵权人的一种可归责的心理状态，其包含故意和过失两种类型。但主观过错并不是所有具体侵权责任的构成要件。比较典型的就是未成年子女侵害他人权益，父母承担无过错责任。这种无过错责任是基于父母对子女的法定监护责任产生的，即使父母尽到了监护职责，也需要对孩子的过错承担侵权责任。

侵权责任的基础法律制度中还有一项很重要的内容，就是侵权责任的归责原则。所谓归责原则，是指行为人承担民事侵权责任的根据和标准。具体而言，可以分为过错责任原则（包含过错推定原则）和无过错责任原则。过错责任原则是指侵权人承担侵权责任的根据是因为侵权人具有主观上的过错。而无过错责任原则是指侵权人承担侵权责任的根据并不是因为其过错，而是因为行为人或物对他人产生侵害的潜在风险，存在特定的法律关系或其他特殊的立法价值考量。父母对子女的侵权行为承担无过错的替代责任，其依据就是父母子女之间存在特定的法律关系。绝大多数的侵权行为采取的都是过错责任原则，采取无过错责任原则的情况在法律中都会进行专门的规定。

在认识侵权责任法律制度的时候，需要我们把侵权责任的归责原则和侵权责任的一般构成要件结合来看，才能更准确地分析侵权责任的承担问题，以便解决生活中形形色色的问题。

相关法条

《民法典》第一千一百八十八条

无民事行为能力人、限制民事行为能力人造成他人损害的，由监护人承担侵权责任。监护人尽到监护职责的，可以减轻其侵权责任。

有财产的无民事行为能力人、限制民事行为能力人造成他人损害的，从本人财产中支付赔偿费用；不足部分，由监护人赔偿。

2. 子女在学校期间受到伤害，谁来承担责任

经典案例

徐某和孙某今年一五岁，是某中学三年级的同班同学。某天课间，徐某和孙某在教室内嬉戏打闹时，孙某不小心将徐某绊倒，导致徐某磕掉两颗门牙。徐某当即被班主任老师送往医院，花费医疗以及营养费共计1万余元。徐某的家长要求学校、孙某和孙某的父母共同承担赔偿责任，但学校主张自己没有过错，不应承担赔偿责任。最终，法院判决由孙某及孙某的父母承担50%的赔偿责任，学校承担30%的赔偿责任，徐某自行承担20%的责任。

案例解析

根据《民法典》第一千二百条，限制民事行为能力人在教育机构学习生活期间遭受人身损害的，教育机构应承担过错责任。在上述案例中，徐某和孙某都是十五岁，属于限制民事行为能力人。因此，徐某可以通过举证证明学校没有尽到管理职责，要求学校承担赔偿责任。而孙某作为直接侵权人，应当对自己对徐某所造成的人身损害承担责任。且由于孙某属于限制民事行为能力人，故其侵权责任用个人财产不能承担的部分，应由其监护人（孙某的父母）承担。另外，在本案中，徐某已经年满十五周岁，应当对自己的行为有一定的辨识能力，依据民法的公平原则徐某需要自己承担一部分责任。

但是，如果徐某和孙某都是无民事行为能力人，如徐某和孙某都是七岁，那么其适用的法律规则应该是《民法典》第一千一百九十九条：无民事行为能

力人在教育机构生活期间遭受人身损害的，采用过错推定的规则原则，推定教育机构具有过错，由教育机构举证证明尽到管理职责才不需要承担责任。

我国侵权责任归责原则的构建过程中，采取的是二元归责体系，即过错责任原则和无过错责任原则相区分。这里我们把过错责任原则单独拿出来进行分析。过错责任原则里面又可分为（一般的）过错责任原则和过错推定责任原则。所谓过错推定，是指依照法律的规定推定行为人具有过错，由行为人自己来证明自己没有过错的情形。它属于过错责任原则的一种特殊情况，因为它仍然把侵权人的过错作为确定责任的根据，只不过把谁来证明的问题划给了另外一方。对于未成年人在校期间遭遇人身损害的情况，要依据未成年人是无民事行为能力人还是限制民事行为能力人划分为过错推定责任和过错责任原则，就是很好的例子。

《民法典》第一千二百零一条规定的是未成年人在教育机构期间受到教育机构以外的第三人人身损害的情形。比如，有歹徒冲进学校对在校学生实施违法犯罪。在这种情形下，由实施侵害人（第三人）承担侵权责任。如果学校存在管理不严格的问题，也要承担相应的补充责任。

相关法条

《民法典》第一千一百九十九条

无民事行为能力人在幼儿园、学校或者其他教育机构学习、生活期间受到人身损害的，幼儿园、学校或者其他教育机构应当承担侵权责任；但是，能够证明尽到教育、管理职责的，不承担侵权责任。

《民法典》第一千二百条

限制民事行为能力人在学校或者其他教育机构学习、生活期间受到人身损害，学校或者其他教育机构未尽到教育、管理职责的，应当承担侵权责任。

《民法典》第一千二百零一条

无民事行为能力人或者限制民事行为能力人在幼儿园、学校或者其他教育机构学习、生活期间，受到幼儿园、学校或者其他教育机构以外的第三人人身损害的，由第三人承担侵权责任；幼儿园、学校或者其他教育机构未尽到管理职责的，承担相应的补充责任。幼儿园、学校或者其他教育机构承担补充责任后，可以向第三人追偿。

3. 故意逗狗被咬伤，
狗的饲养人是否需要承担责任

经典案例

张某养了一只柴犬，每天中午他都会牵着自己的爱犬去楼下晒太阳。某日，同小区路过的李某看到张某饲养的柴犬，拿起石子向柴犬扔去。在一旁的张某阻拦李某说"小心狗生气咬你"。李某不以为然地继续拿石子扔向张某的爱犬，见柴犬不为所动便走上前去拍打柴犬。张某在此期间多次阻拦李某无果。最后，柴犬猛地咬住了李某的小拇指。李某想要挣脱，但为时已晚。最终，张某的柴犬将李某的小拇指整个咬下。

李某出院后，将张某告上法庭，要求张某承担赔偿责任。

案例解析

《民法典》第一千二百四十五条是关于动物饲养人饲养动物造成他人损害的一般规定。其规范内容是：饲养的动物造成他人损害的，动物饲养人或者管理人应承担无过错的责任。也就是说，只要饲养的动物造成他人损害的，不论饲养人主观上是否具有过错，都应当对受害人的损失给予赔偿。但例外情形是，受害人故意挑逗动物，对损害的发生有故意或者重大过失的情况，可以减轻或免除饲养人或管理人的责任。常见的案例就是故意逗狗、逗猫、逗马，等等。饲养人免责建立在其尽到了合理的管理义务的基础上，如果饲养人没有为自己的猫、狗等宠物拴绳，或者没有尽到及时阻拦的义务，导致他人逗宠物时被宠物咬伤，那么饲养人仍应当承担一定的责任，不能免除全部责任。

在上述案例中，李某故意长时间逗狗，狗的主人张某也尽到了合理的提示义务，结果完全是由李某咎由自取。所以，法院可以判处张某不承担责任。

在认定饲养动物致人损害的时候，一定要明确的是这种致人损害是由于动物本身自主的行为所导致的，如狗咬人或马踢人。如果不是由于动物自主的行为致人损害，那么饲养动物损害责任不能成立。比如，主人不小心将动物推下楼砸伤行人，或饲养人训练动物报复仇人，这些都不能适用饲养动物致人损害的规定。

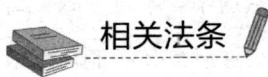

相关法条

《民法典》第一千二百四十五条

饲养的动物造成他人损害的，动物饲养人或者管理人应当承担侵权责任；但是，能够证明损害是因被侵权人故意或者重大过失造成的，可以不承担或者减轻责任。

211

4. 遭遗弃的小动物伤人，责任谁来承担

经典案例

　　李某未经批准饲养了一条眼镜蛇，并为眼镜蛇取名"发财"。为了便于区分，李某在蛇的身上安装了名牌。某天，李某获悉当地社区要严查违规饲养动物的问题。于是，李某悄悄地将"发财"抛弃于小区下水道中。某日，眼镜蛇从下水道爬出，咬伤了小区的住户龚某。当地消防人员火速赶到，控制住了眼镜蛇。

　　龚某出院后，要求李某承担赔偿责任。而李某则认为自己已经放生了眼镜蛇，此事与自己无关，拒绝承担责任。

案例解析

　　《民法典》第一千二百四十九条规定了饲养的动物在遗弃、逃逸期间致人损害的责任。其具体规范是，饲养的动物在遗弃、逃逸期间致人损害的，原饲养人或者管理人应当承担无过错责任。法律并没有规定任何例外情况，其内在的含义是任何人对待饲养的宠物都要有始有终，不论是故意丢弃还是不慎丢失宠物，都不会导致管理责任消失。在上述案例中，李某未经批准违规饲养动物已经构成了违法违规，而且，遗弃动物的行为并不导致其饲养和管理动物责任的消失，动物在被遗弃期间产生的损害仍由李某承担。因此，李某应当对龚某承担赔偿责任。

　　如果李某抛弃了眼镜蛇，眼镜蛇又被王某捡拾到并饲养，那么眼镜蛇致人

损害的责任应该由王某承担，李某不再承担。因为此时王某成了宠物新的饲养人或者管理人。在上述案例中，如果李某真的想彻底不再饲养该眼镜蛇，可以选取的方式有：第一，交给有关部门，比如动物园，由有关部门进行处理。第二，可以将饲养的眼镜蛇放还大自然。这里的大自然指的是自然保护区或者罕无人烟的深山。

随着人们生活水平的提升，饲养动物也越来越普遍。与之相匹配的，我们应该越来越有责任感，对小动物负责，也对社会负责。如果现实条件不适宜继续饲养，那么可以采取转送他人或者动物保护机构的方式，切忌随意抛弃。

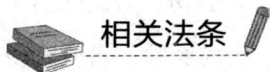

相关法条

《民法典》第一千二百四十九条

遗弃、逃逸的动物在遗弃、逃逸期间造成他人损害的，由动物原饲养人或者管理人承担侵权责任。

5. 发生医患纠纷时谁来承担举证责任

经典案例

2018年9月4日朱某意外摔伤头部，入某县医院救治，经检查为颅脑损伤，而后住院。入院诊断为：重型内开放性颅脑损伤；应激性溃疡。朱某共住院145天，出院诊断为：重型内开放性颅脑损伤；右额叶脑挫裂伤；右侧硬膜下血肿；创伤性蛛网膜下腔出血；枕骨骨折；颅底骨折；头皮血肿；右侧脑梗死；应激性溃疡；左侧3、4、5肋骨骨折；双侧胸腔积液。

朱某称由于该县医院的诊疗过错导致自己病情加重，给自己造成巨大经济损失和精神损害。朱某多次与该县医院协商未果，故向当地人民法院起诉，要求该县医院支付医疗费等所有费用共计130余万元。在诉讼过程中，朱某要求该县医院提供自己的病例资料、诊断证明与临床记录，但是该县医院以涉及医疗秘密为由拒绝提供。该县医院辩称，朱某在治疗期间该院诊疗行为完全符合法律规定和诊疗常规，朱某作为原告方，应该承担全部证明责任。

案例解析

《民法典》第一千二百一十八条规定了医疗损害责任。该条法律规定适用的范围是医疗机构的医务人员在诊疗救治过程中，因为过错给患者造成人身损害的情况。在《民法典》的制度构建中，采取一般过错责任原则，由遭受损害的患者对侵权行为、损害结果、因果关系以及医疗机构人员的过错承担证明责任。在几种特殊情况下，采取过错推定的归责原则，由患者举证证明侵权行为、损害结果以及因果关系，由医院证明自己没有过错。这几种适用过错推定的情形具规定见《民法典》的第一千二百二十二条，分别是医疗机构违反法律、行政法规、规章以及其他诊疗规范；医疗机构隐匿或拒绝提供与医疗纠纷有关的病历资料；医疗机构遗失、伪造、篡改或者违法销毁病历资料。在上述朱某和某县医院的纠纷案例中，该县医院以涉及医疗秘密为由拒绝提供朱某的病历资料，已经构成了《民法典》第一千二百二十二条规定的几种情形之一，所以此时朱某不需要对医疗机构的过错加以证明，法律默认此时医疗机构有过错。只有医疗机构能够自主证明自己没有过错，才不需要承担法律责任。

医患纠纷的举证责任一直是民法与民事诉讼法制度构建时极为重要的问题。如果举证责任分配不当，可能导致双方权利义务的失衡，进而激化医患矛盾。很多人在初次了解医患纠纷的举证责任时，会担心患者承担的举证责任过多，认为在一般情况下患者需要承担全部举证责任，尤其是举证证明医院存在过错，证明难度非常大。但是，在实践中并非如此。过错的认定可以由患者申请司法鉴定，这种鉴定可以从诉讼程序上减轻患者一方的举证责任。至于侵权行为和损害后果，只需要依据客观标准进行证明即可。并且在实践中，如果真的发生了手术刀等医疗器械落在患者体内，或者出现错误切除患者器官的情况，那么我们都认为医院具有显而易见的过错，无须患者再进一步进行证明，直接视为医院有过错即可。

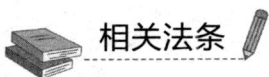

相关法条

《民法典》第一千二百一十八条

患者在诊疗活动中受到损害，医疗机构或者其医务人员有过错的，由医疗机构承担赔偿责任。

《民法典》第一千二百二十二条

患者在诊疗活动中受到损害，有下列情形之一的，推定医疗机构有过错：

（一）违反法律、行政法规、规章以及其他有关诊疗规范的规定；

（二）隐匿或者拒绝提供与纠纷有关的病历资料；

（三）遗失、伪造、篡改或者违法销毁病历资料。

6. 患者抢救无效死亡，医院是否需要承担责任

经典案例

李某是某售楼中心员工，每月工资5000元。李某的丈夫孙某是某公司安保人员，每月工资6000元。某日，李某上班时突发心脏病，被送往当地最好的医院——A医院治疗。经过专家的集体诊断，认为李某的病情十分复杂，需要立刻进行抢救。李某的丈夫孙某询问病情时，主治医生王某表示只是一个小手术，并未具体说明李某当时的严重病情，只是要求孙某尽快缴手术费。

孙某到缴费大厅办理缴费时，发现缴费金额高达50万元。孙某认为既然这只是一个小手术，那么可以在B医院进行手术，于是当场联系了B医院为李某治疗。当李某被送到B医院时，B医院表示此病情只能由A医院进行救治，于是李某又被送回A医院。

由于耽误了治疗时间，李某最终因抢救无效死亡。孙某将A医院和主治医师王某告上了当地人民法院，要求赔偿各项损失共计100万元。而A医院则表示自己没有过错，而是孙某的行为延误了最佳抢救时间，从而导致李某死亡。

案例解析

《民法典》第一千二百二十一条规定了医疗技术损害责任，承担责任的主体只能是医疗机构。也就是说，医院的医务人员不能对外承担责任。即使医务人员出现重大过错也不对外担责，但是可能面临单位内部的处分。《民法典》第一千二百二十四条规定了医疗机构免责的三种情形。在以下三种情形下，如

果患者在诊疗活动中受到损害，免除医疗机构的责任。第一种是患者或其近亲属不配合医疗机构进行诊疗。第二种是医务人员在抢救生命垂危的患者等紧急情况下已经尽到了合理诊疗义务。第三种是限于当时的医疗水平难以诊疗。但是，免责情形也存在例外情况，比如，如果患者不遵守医嘱或者不配合治疗是由于医疗机构或医务人员未尽到合理告知义务，那么医疗机构不能免责，而应当承担与其过错相适应的责任。

在上述案例中，孙某的转院行为确实延误了治疗的最佳时间，最终导致李某抢救失败。但是A院的主治医师王某确实没有尽到合理告知的义务，并且使孙某产生了错误的认知，这也是最终导致李某抢救无效死亡的原因。所以，本案中医疗机构并不能完全免责，而应当承担与其过错相适应的责任，如承担10%左右的责任。同时，虽然主治医师王某不能成为承担责任的主体，但是可能面临医院内部的处分。

另外，在《民法典》的第一千二百二十条规定了医疗机构的紧急救助权。即如果在抢救生命垂危的患者时，暂时不能取得患者或者其近亲属的同意，那么经过医疗机构的负责人批准，也可以立即实施相应的医疗措施。这样的规定赋予了医疗机构一定的自主权，以便更好地履行医疗机构救治生命的职责。

相关法条

《民法典》第一千二百二十一条

医务人员在诊疗活动中未尽到与当时的医疗水平相应的诊疗义务，造成患者损害的，医疗机构应当承担赔偿责任。

《民法典》第一千二百二十四条

患者在诊疗活动中受到损害，有下列情形之一的，医疗机构不承担赔偿责任：

（一）患者或者其近亲属不配合医疗机构进行符合诊疗规范的诊疗；

（二）医务人员在抢救生命垂危的患者等紧急情况下已经尽到合理诊疗义务；

（三）限于当时的医疗水平难以诊疗。

前款第一项情形中，医疗机构或者其医务人员也有过错的，应当承担相应的赔偿责任。

7. 员工劳务派遣期间致人损害，责任如何承担

📚 **经典案例**

李某是B电器公司的安装工人。某次，在李某为消费者王某安装空调的过程中，不慎将安装用的工具从11楼掉落，将楼下的行人冯某砸成重伤。经查明，李某是A劳务公司派遣到B电器公司的工人，在李某过往的各项履历中，曾经多次发生类似的小事故。B电器公司曾经要求A劳务公司改派他人，但A劳务公司一直未予更换。

冯某因砸伤共花费医疗费50万元。在多次与B电器公司协商无果后，冯某将B电器公司、A劳务公司以及李某一同告上了当地人民法院，要求其承担医药费、精神损失费共计60万元。

💡 **案例解析**

《民法典》第一千一百九十一条第二款规定了劳务派遣期间，被派遣的工作人员因执行工作任务造成他人损害的责任承担问题。在劳务派遣期间，被派遣的工作人员因执行工作任务致人损害成立的，接受劳务派遣的用工单位承担无过错的替代责任。劳务派遣单位无过错的不承担责任；劳务派遣单位有过错的，承担与其过错相应的责任。被派遣的工作人员不对外承担责任，即使工作人员对损害的发生具有故意或重大过失，也不是对外承担责任的主体。

在上述案例中，B电器公司是李某的用工单位，属于接受劳务派遣的一方，因此，B电器公司应当为冯某的损失承担责任。A劳务公司作为李某的派

遣单位，在明知李某存在粗心大意的毛病的情况下，仍然坚持把李某派遣给B电器公司，所以A劳务公司也存在一定的过错，应当承担与其过错相适应的责任。而李某作为被派遣的员工，不是承担责任的主体。因此，法院最后的判决应该是由B电器公司和A劳务公司共同赔偿冯某的损失。在作出最后的判决后，B电器公司和A劳务公司都有权在公司内部按照相关的章程制度向李某追偿，要求李某承担相应的责任。

要想清晰地理解劳务派遣中侵权责任如何承担，首先要明确的是"劳务派遣"的含义。劳务派遣，其实是现在社会生活中常见的一种用工形式，是一种用人关系和用工关系相分离的劳动关系。派遣单位与工作人员之间形成劳动关系，即用人关系；而用工单位与工作人员之间形成用工关系。在上述案例中，李某与A劳务公司之间的关系是用人关系，李某与B电器公司之间的关系是用工关系。现实生活中，劳务派遣可以减少用工单位的人员配置，实现更灵活的资源调配。常见的情况是某单位急需某项人才，但招聘周期太长，这时就会联系有人员储备的劳务公司，请其派遣符合条件的员工供单位短期使用。

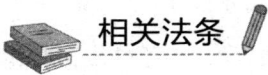

相关法条

《民法典》第一千一百九十一条

用人单位的工作人员因执行工作任务造成他人损害的，由用人单位承担侵权责任。用人单位承担侵权责任后，可以向有故意或者重大过失的工作人员追偿。

劳务派遣期间，被派遣的工作人员因执行工作任务造成他人损害的，由接受劳务派遣的用工单位承担侵权责任；劳务派遣单位有过错的，承担相应的责任。

8. 排污企业能否以主观上没有过错为由，不承担环境污染责任

经典案例

李某在某水库非法炸鱼，由于操作不当，炸毁了水库的堤坝。由于水位突然上涨，水库旁边的污水处理厂的污水池被冲垮，导致污水流向周围的庄稼地，大量农作物死亡。

事件发生后，当地农户要求污水处理厂承担赔偿责任。污水处理厂认为自己没有任何过错，应该由李某承担责任。

案例解析

《民法典》第七编的第七章规定了环境污染和生态破坏责任。环境污染和生态破坏责任包含两种类型：第一种是排污导致的环境污染；第二种是实施加害行为，破坏生态环境造成损害结果的。需要注意的是，排污行为符合国家、地方排污标准并不能成为侵权责任的免责事由。只要排污造成了他人人身、财产损害，就构成了环境污染与生态破坏的侵权。因为从本质上说，环境污染与生态破坏责任是一种危险责任，危险责任本身并不是对违法行为的制裁，而是对不幸损害的分配，所以不需要行为具有违法性。而违法性的判断是承担行政责任或刑事责任时需要考虑的问题。

针对环境污染和生态破坏责任认定，《民法典》采取无过错责任原则。这表明成立污染环境和生态破坏责任不需要以加害人主观上具有过错为要件，只

要满足以下三个条件即成立：第一，行为人实施了污染环境或者破坏生态的行为；第二，造成了人身、财产或者生态环境遭受破坏的结果；第三，加害行为与损害结果之间具有一定的因果关系。并且依据《民法典》第一千二百三十条，这种因果关系是推定的。只要受害人证明了基础的事实，就推定加害行为和损害后果之间具备因果关系。比如，甲工厂排污，而其周边的乙处耕地受到了污染，这时候即使甲、乙之间存在一定的距离，也可推定是因为甲工厂的非污导致了耕地的污染。通俗来讲，就是这里的因果关系证明要求的标准并不高，不要求达到100%，只需要有关联性即可。

如果环境污染和破坏生态是由于第三人的过错导致的，那么在法律上我们同样采取无过错责任原则，但是对它的分析要分为对内和对外两个层面。对外来说就是，有过错的第三人和直接的污染环境或破坏生态的侵权人承担无过错的责任。但对内来说，有过错的第三人需要承担最终的责任，即直接侵权人可以向有过错的第三人追偿。在上述案例中，因为第三人李某的过错，污水处理厂成为直接的侵权责任人。当地农户有权请求李某或污水处理厂中任一主体承担无过错的责任，污水处理厂无权以不存在过错来对抗农户的请求。如果最终是由污水处理厂承担了赔偿责任，那么污水处理厂可以要求李某承担最终的赔偿责任，即向李某追偿。

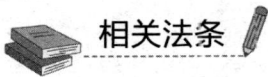

相关法条

《民法典》第一千二百二十九条

因污染环境、破坏生态造成他人损害的，侵权人应当承担侵权责任。

《民法典》第一千二百三十条

因污染环境、破坏生态发生纠纷，行为人应当就法律规定的不承担责任或者减轻责任的情形及其行为与损害之间不存在因果关系承担举证责任。

《民法典》第一千二百三十三条

因第三人的过错污染环境、破坏生态的，被侵权人可以向侵权人请求赔偿，也可以向第三人请求赔偿。侵权人赔偿后，有权向第三人追偿。

9. 购买的产品有质量问题如何维权

经典案例

王某在某百货商城购买了一个高档电饭锅。某次，在王某正常使用的过程中，电饭锅突然爆炸，造成厨房火灾，也使王某身受重伤。经查明，该电饭锅的制造商是A电器公司，因为电饭锅内部电源线安装松动导致了爆炸。

王某出院后，将该百货商城告上了人民法院，要求赔偿医药费、损失费共计80万元。该百货商城辩称，缺陷商品是A电器公司制造的，与商城无关。

案例解析

《民法典》第一千二百零二条至第一千二百零七条规定了产品侵权时的责任承担问题。具体而言，是由产品的生产者和销售者承担无过错的、不真正连带责任。对于消费者来说，既可以找生产者承担无过错责任，也可以找销售者承担无过错责任。当生产者和销售者任何一方或者共同承担了对消费者的责任后，可以内部再进行最终责任的分配。如果缺陷商品是由于销售者的过错造成的，如运输、保管失误，则由销售者承担最终责任。如果缺陷商品是由于生产者的生产问题造成的，销售者也可以找生产者追偿。这种两者共同承担责任后在内部进行追偿的责任承担形式就是不真正连带责任。在上述案例中，王某在某百货商城购买的A电器公司制造的电饭锅发生了爆炸，该百货商城是销售者，A电器公司是生产者。王某可以找该百货商城或A电器公司中的任何一方承担赔偿责任，也可以要求双方共同承担赔偿责任，其中任何一方不得以过错

在另一方为由进行抗辩。该百货商城和A电器公司承担完责任后，在内部进行
最终责任的分配。本案是由于A电器公司的电源线安装问题导致了爆炸，所以
由A电器公司承担最终责任（如果该百货商城承担了责任，之后百货商城有权
向A电器公司追偿）。

在商品市场的交易过程中，消费者往往处于弱势地位，因此立法者在设计
产品责任时侧重于对消费者的保护，立法规定了消费者可以向生产者和销售者
任何一方主张责任。但是，产品责任的适用也受到一定的限制。首先，产品责
任的定义是指因产品的缺陷导致人身损害或财产损害的。如果仅仅是产品具有
小瑕疵，不能认定为缺陷产品，比如，购买电饭锅之后加热效果有问题，购买
热水器后不能正常使用以及购买汽车后汽车广播设备不能使用，等等。并且，
这些小瑕疵都没有造成对自然人财产和人身安全的威胁和损害，所以不能适用
产品侵权责任规范。而产品侵权常见的情形是，电饭锅爆炸、热水器短路，或
者汽车的刹车装置失灵等严重危及人身财产安全并且造成损害的情况。其次，
我们要正确地认识"产品"的限定范围。产品是指经过加工制作、用于销售的
动产。比如，我们现实生活中很难说菜市场上的西瓜是一种产品（如果出现质
量问题，仅成立违约责任或者《民法典》第一千一百六十五条的一般侵权责
任），但是我们购买的瓶装西瓜饮料就是一种产品。

关于产品责任，《民法典》在第一千二百零七条还规定了惩罚性赔偿责
任。其需要满足两个条件，一是生产者、销售者明知产品存在缺陷仍然生产、
销售，或者生产者、销售者未履行跟踪、观察义务并及时采取补救措施致使损
失进一步扩大，二是造成受害人死亡或健康权严重受损的后果。

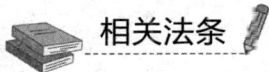

相关法条

《民法典》第一千二百零二条

因产品存在缺陷造成他人损害的，生产者应当承担侵权责任。

《民法典》第一千二百零三条

因产品存在缺陷造成他人损害的，被侵权人可以向产品的生产者请求赔偿，也可以向产品的销售者请求赔偿。

产品缺陷由生产者造成的，销售者赔偿后，有权向生产者追偿。因销售者的过错使产品存在缺陷的，生产者赔偿后，有权向销售者追偿。

10. 高空抛物，如何救济被害人

经典案例

孟某是某小区的一名住户，他每天晚上会绕着小区慢跑。某天，孟某像往常一样在楼下慢跑时，突然从天而降一个烟灰缸砸向他。孟某来不及躲闪，被砸成重伤。经过公安机关的调查，孟某受伤时奔跑的位置周围只有两栋居民楼，但无法确定烟灰缸到底从哪一户扔出。孟某住院期间，医药费用不断累积，且无力负担。无奈，孟某将两栋居民楼共120户的业主全部告上了当地人民法院。

案例解析

《民法典》第一千二百五十四条规定了高空抛物致人损害的责任承担问题。该法条一共分为三款，从责任人、物业服务机构和公安机关的角度分别作出了规定。一是从责任人角度来分析。在能确定具体责任人的情况下，由该责任人承担责任。在无法确定责任人的情况下，由可能实施加害行为的建筑物使用者公平分担，对受害人给予补偿。等具体责任人确定后，已经承担公平责任的建筑物使用者可以向其追偿。二是从物业服务机构角度来分析。物业服务机构有责任提供必要的安全保障来防止高空抛物行为的发生。比如，一些小区安装监控摄像头，以便确定高空抛物的责任者。如果小区的物业没有采取任何安全保障措施，则需要承担与其过错相适应的责任。三是从公安机关角度来分析。公安机关有责任及时查清真相，确定责任人，尽量避

免最终适用公平责任来解决问题。这里对公安机关职责的规定并非侵权责任的归责原则，而是对有关机关职责的强调。在上述案例中，因为无法查清最终的责任人具体是谁　所以孟某有权主张所有可能实施加害行为的建筑物使用人公平承担责任。如果被诉的业主不能提供充分的证据证明自己不可能实施扔烟灰缸的行为（比如，住在一楼的住户不可能实施），那么都需要承担一定的补偿责任。需要强调的是，这里业主承担的并不是"赔偿"责任，因为我们清楚地知道，实施侵害行为的责任人只有一个。但是由于现实条件的限制确实无法查明真凶，究其本质，这并不是对所有建筑物使用者的一种惩罚，而是对被害人的一种救济。

这些年来，有关高空抛物致人损害的案件频频登上各大网络平台成为热搜事件，比较典型的有"重庆烟灰缸案""济南菜板案""深圳玻璃案"等。这些案件的裁判结果各不相同，也就催生了《中华人民共和国侵权责任法》以及《民法典》侵权责任编制度的构建。这样的规则虽存在一定的争议，但的确能够为统一法律适用的尺度，填平受害人的损害以及预防高空抛物行为的出现发挥积极作用。值得注意的是，在现实生活中针对此类高空抛物案件要谨慎使用第一千二百五十四条，因为其涉及的承担责任的人过多，容易激化社会矛盾。如果本案中孟某是行走于某个政府机构的办公楼下时，被某办公室扔下的一个烟灰缸砸伤，并且难以确定这个烟灰缸是谁扔的，我们应该适用《民法典》第一千二百五十三条，由建筑物的所有人或使用人（该政府机构）承担过错推定责任，其原因在于此时建筑物仅一个民事主体（该政府机构）占有使用。

在社会实践中，高空抛物公平责任的判决经常面临执行难的问题。因为大多数人仍不愿意为他人的过错承担责任。因此，有观点称是否该类高空抛物案件应该效仿交通事故责任，建立社会救助基金来解决问题。这不失为解决问题的一种方式，但是我们同样要考虑基金的管理和利用可能产生的新问题，最典型的就是要制定一系列"高空抛物社会救助基金管理试行办法（规定）"等文件，并且该类基金能否良好运行也值得我们认真思考。

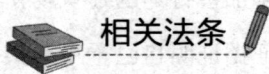

相关法条

《民法典》第一千二百五十四条

禁止从建筑物中抛掷物品。从建筑物中抛掷物品或者从建筑物上坠落的物品造成他人损害的，由侵权人依法承担侵权责任；经调查难以确定具体侵权人的，除能够证明自己不是侵权人的外，由可能加害的建筑物使用人给予补偿。可能加害的建筑物使用人补偿后，有权向侵权人追偿。

物业服务企业等建筑物管理人应当采取必要的安全保障措施防止前款规定情形的发生；未采取必要的安全保障措施的，应当依法承担未履行安全保障义务的侵权责任。

发生本条第一款规定的情形的，公安等机关应当依法及时调查，查清责任人。